KB203899

킹제임스 성경
KJV의 변천사

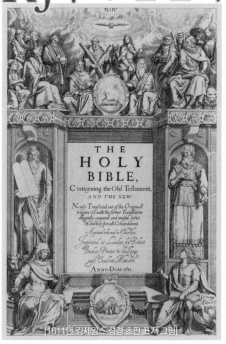

[1611년 킹제임스 성경 초판 표지 그림]

저자 김 석 수 목사

도/서/출/판 **바 이 블**

킹제임스 성경 KJV의 변천사

저자 김 석 수 목사

<독자들에게 드리는 글>

이 책을 저술한 목적은 1611년 초판 킹제임스 성경 서문에 있는 번역자들의 의도를 분명하게 드러내어 성경을 탐구하는 그리스도인들이 좌로나 우로나 치우치지 않도록 하기 위함이다.

1611년 킹제임스 성경은 영국이란 한 나라 안에 있던 당대 최고의 석학들이 모여 번역한 최고의 번역본이라고 말할 수 있다. 굳스피드 박사(Dr. Goodspeed)가 언급했듯이 참으로 킹제임스 성경은 신앙적 가치에 있어 엄청난 보배임이 틀림없다.

그런데 1611년 초판 킹제임스 성경 안에는 놀라운 진실이 숨겨져 있다. 바로 초판 서문과 난외주이다. 초판의 서문은 17세기 고대 영어라서 번역에 많은 어려움이 있었다. 실제로 어떤 구절은 문장 자체를 이해하기 힘든 것도 있었다. 그럼에도 불구하고 전체적인 내용은 누구든지 이해할 수 있는 진실이다.

킹제임스 성경은 당대 최고의 성경이라는 찬사를 받기에 부족함이 없었다. 한 나라가 성경을 번역하기 위해 나라의 모든 인적 자원과 재원을 투입한 경우가 없었기 때문이다.

오늘날 대부분의 영문 번역본들은 킹제임스 성경을 발판 삼아 비약적인 성경 연구가 일어나게 되었음을 부인할 수 없을 것이다. 킹제임스 성경이 사랑을 받는 이유는 여러 가지가 있겠지만 크게 두 가지로 압축할 수 있을 것이다.

첫째는 번역자들의 정직성이다. 세상에 다양한 번역본이 있지만 번역의 근거를 기록한 성경은 매우 드물다. 바로 난외주와 본문 안에 있는 이탤릭체가 그 중요한 근거이다. 난외주에는 혹시 모를 혼란을 방지하기 위해 원어와 다르게 번역한 것과 원어에 없다는 표식을 정직하게 남겼다.

둘째는 번역자들의 정밀성이다. 번역자들은 세상에 흩어져 있던 사본들과 이전의 번역본들을 모두 참고했다고 했다. 그리하여 최고의 역본을 인류에게 남긴 것이다(이것은 논란이 아니라 섭리적인 측면에서 이해할 필요가 있다).

필자는 이렇게 최고의 역본이라고 할 수 있는 킹제임스 성경에 대한 바른 이해를 돕기 위해 펜을 들었다. 특별히 이 책을 통해서 1611년 초판 번역자들이 독자들에게 알리고자 했던 내용을 살펴봄으로써 킹제임스 성경에 대한 우수성을 확인하는 계기가 되었으면 한다.

킹제임스 성경을 사랑하는 한 사람으로서 킹제임스 성경 자체를 문제 삼거나 비난하기 위해서 이 책을 집필한 것이 아니라 킹제임스 성경을 객관적인 시각을 가지고 이해할 수 있도록 하기 위해 펜을 든 것이다.

이 책이 발간되기까지 많은 사람의 도움이 있었다. 그분들께 진심으로 감사를 전한다.

- 목 차 -

1

1611년 KJV
초판의 진실

제1부 1611년 KJV 초판의 진실

성경 번역의 역사에 있어서 킹제임스 성경의 지대한 공헌은 누구도 부인할 수 없는 사실이다. 그럼에도 불구하고 킹제임스 성경 번역자들의 의도가 너무나도 왜곡되어 있는 것도 사실이다. 이 내용을 통해 그 진실을 확인하고 어떠한 차이가 있는지 진지하게 검토하는 계기가 되었으면 한다. 사도행전에 기록된 베뢰아 사람들처럼.

베뢰아 사람들은 사도 바울이 전한 복음을 준비된 마음으로 받아들였지만 동시에 그것이 과연 그러한가 하여 날마다 상고했다(행 17:11). 동일하게 이 시대 그리스도인들에게도 필요한 자세가 아닐 수 없다. 이러한 검증 과정을 거치지 않으면 더 큰 혼란이 초래될 수 있으며 더 나아가 맹목적인 믿음은 자신의 영혼뿐만 아니라 다른 사람의 영혼도 파멸시킬 수 있기 때문이다.

단언컨대 오늘날 수많은 사람이 애용하고 있는 킹제임스 성경은 1611년판이 아니다. 1769년판이라고 해야 진실에 가깝다. 아직까지도 출판사마다 통일되지 아니한 구절이 있기 때문이다.

상식적으로 어떤 책이든지 출판된 이후 사소한 수정이나 교정이 이루어진 이후에는 판본이 달라진다. 그래서 킹제임스 성경의 원본이 되는 에라스무스판(헬라어 사본)도 무려 5개의 판본이 있다. 내용 자체에 변화는 없을지라도 조금이라도 차이가 있었다는 뜻이다.

킹제임스 성경도 1611년부터 1769년까지 많은 변화가 일어났다. 안에 기록된 하나님의 말씀은 무오류하지만 번역된 과정에서 수많은 오역이 발생할 수밖에 없었기 때문이다. 사실 그러한 일은 번역의 과정에서 지극히 자연스러운 일이요 우리의 믿음을 흔드는 일들이 전혀 아니다.

그래서 제1부와 부록에서는 1611년 킹제임스 성경 초판과 현재 사용하고 있는 1769년 판이 어떻게 다른지 구체적인 증거가 제시되어 있다. 킹제임스 성경을 애용하는 독자들은 이 정확한 진실을 통해 혹시 모를 혼란에 대처할 필요가 있다. 1611년 초판부터 일점일획도 교정없이 보존되었다는 주장은 진실이 아니기 때문이다.

[구약 성경 사본을 자세히 살피는 정통파 유대인/thetorah.com]

이 세상에는 사탄의 미혹이 미치지 않은 영역이 없다. 참으로 놀라운 방법으로 사람들을 미혹하기 때문에 하나님의 지혜와 도우심이 절대적으로 필요하다.

성경이 없는 교회는 없다. 그렇다면, 사탄의 관점에서, 교회를 무너뜨리기 위해서 '성경관'을 혼란시키는 일보다 더 효과적인 방법은 없을 것이다.

그런데 안타깝게도 오늘날 1611년에 번역된 킹제임스 성경만이 '무오류한 말씀'이라고 주장하는 사람들이 나타나기 시작하면서 마치 '무오류한 말씀'과 '번역본'을 동일시하는 교리가 발생하고 있다. 그러나 '진실'과 '믿고 싶어하는 마음'이 항상 일치하는 것은 아니다.

1611년 초판 킹제임스 성경

"너희의 한가운데 있는 너희의 대언자들과 너희의 점쟁이들이 너희를 속이지 못하게 하고 너희가 꾸고자 하여 꾼 너희의 꿈들에 귀를 기울이지 말지니라"(렘 29:8-9) - 흠정역

"너희가 모세를 믿었더라면 나를 믿었으리니 그는 나에 대하여 기록하였느니라. 그러나 너희가 그의 글도 믿지 아니하거든 어찌 내 말들을 믿겠느냐?"(요 5:46-47) - 흠정역

선지자(Prophet)나 사도(Apostle)는 하나님으로부터 보내심을 받은 사람들이다. 그래서 그들에게는 하나님의 말씀을 그대로 전해야 할 책임이 있었다. 그러나 옛날이나 지금이나 하나님께서 전혀 말씀하지 않는 것을 전하는 사람들이 있다.

예수님 당시에는 바리새인들이 그 대표적인 사람들이었는데 그들은 성경에 없는 계명을 가르치고 성경에 있는 것은 다르게 해석하였다(마 15:9, 막 7:11). 그래서 바리새인들은 '외식주의'의 대명사가 되었다.

바리새인들은 스스로를 모세의 제자라고 자처했다(요 9:28). 그래서 어떤 사람들은 바리새인들이 예수님을 믿지는 않았어도 모세는 신뢰했을

것으로 생각한다. 그러나 예수님은 그들이 모세의 글은 고사하고 모세도 신뢰하지 않았음을 밝혀주셨다.

사실 그들은 아무것도 믿지 않았다. 그렇다면 바리새인들 손에 들려 있는 '성경'은 무엇인가? 그 '성경'은 그들에게 '무오류한 책'일 뿐 '무오류한 말씀'은 아니었던 것이다. 만일 그것이 그들에게 진실로 '무오류한 말씀'이었다면 베들레헴에 태어나신 아기 예수님에게 동방 박사들보다 먼저 찾아갔을 것이다(마 2:1-6). 그러나 그들은 예수님이 태어나신 베들레헴으로 찾아가지 않았다. 머리로 알고는 있어도 마음으로는 믿지 않았다는 의미이다.

오늘날 '1611'이란 숫자는 마치 성경의 최종 권위를 대변하는 상징처럼 박혀 있다. 그러나 다시 반복하지만 많은 그리스도인이 애용하고 있는 오늘날 킹제임스 성경은 1611판이 아니라 1769년 개정판이다. 엄밀하게 말하면 1769년 이후에도 수정이 이루어진 현대판본이다.[1] 그리고 1611년 판과 현대판에는 엄청난 변화가 있다. 식자공(植字工)의 오류라고 말하기에는 그 분량이 너무나 방대하다(부록. 참조). 그리고 그 엄청난 차이를 식자공들의 실수로 돌리는 것은 신앙 양심에서 벗어나는 행위이다. 상식적으로 식자공들은 성경책을 인쇄하는 일꾼들이다. 출판의 책임은 '출간위원회'에게 있는 것이지 식자공들에게 있는 것이 아니란 뜻이다.

그리고 1611년 초판과 오늘날 현대판본과는 큰 차이가 세 가지 있다. 간략하게 정리해 보았다.

---

1) THE HOLY BIBLE(KJV), (NY: American Bible Society, 2010) p.v-x, p.1437-1462(Appendix A:,B:,C:)

1. 1611년 초판에는 '외경'(Apocrypha)이 포함되어 있다

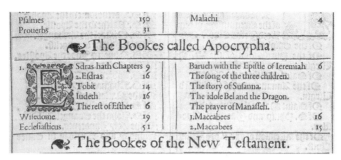

[1611년 KJV 초판에는 구약과 신약 사이에 14개의 외경이 있다. 사진은 초판에 있는 14개의 외경 목록들이다/www.originalbibles.com]

어떤 사람들은 1611판에 있는 '외경'을 '부록'이라고 주장하고 있지만 '부록'이 아니다. 지극히 상식적으로 부록은 책의 내용을 뒷받침하기 위해 본문과 구별된 보충적인 내용을 말한다.

그러나 외경은 그렇지 않았다. 무려 18년 동안 외경은 구약과 신약 사이에서 어떤 구별도 없이 성경처럼 읽혀졌다. 외경은 1629년에 가서야 성경에서 삭제되기 시작했다. 그러나 모든 판본이 그런 것은 아니었다. 1762년 캠브리지판, 1769년 옥스포드 판에는 여전히 외경이 포함되어 있다(참조:www.originalbibles.com).

또한 외경은 킹제임스 성경이 출판되기 약 65년 전인 1546년 트렌트 공의회에서 로마 카톨릭 정경(正經)으로 선포되었다. 트렌트 공의회는 루터를 비롯해서 당시 유럽에 들불처럼 퍼진 종교개혁자들을 대항해서 소집한 로마 카톨릭의 중요한 공의회이다. 로마 카톨릭은 당시 종교 개혁자들의 신학과 주장을 정면으로 반박하였다. 그 가운데 성경에 대한 결론도 중요한 대목이었다.

트렌트 공의회에서는 성경에 대해서 '라틴 벌게이트' 전체를 받아들이지 않을 경우 저주를 선포했는데 그때의 라틴 벌게이트 안에는 외경이 포함되어 있었다(에스드라 1, 2서와 므낫세의 기도는 제외).[2]

물론 오늘날 기독교인들은 외경을 정경으로 받아들이지는 않는다. 그렇다고 할지라도 킹제임스 성경 초판에서 외경이 '부록'이었다는 말은 진실이 될 수는 없다.

1611년 당시의 영국은 영국 성공회가 모든 교회를 장악하고 있었던 시대이다. 영국 성공회는 교회의 머리가 교황에서 영국 왕으로 바뀌었을 뿐 로마 카톨릭과 크게 다르지 않았다. 킹제임스 성경을 번역하게 했던 제임스 왕 시대도 마찬가지였다. 그리고 오늘날처럼 아무 성경이나 자유롭게 출판할 수 있는 시대도 아니었다.

따라서 당시에 외경이 킹제임스 성경 목록에 들어 있는 것이 전혀 이해될 수 없는 대목은 아니다. 당시 영국은 로마 카톨릭으로부터 정치적으로는 분리되었지만 그 영향력을 완전히 벗어나지는 못했기 때문이다.

그러므로 1611년 초판에 '외경'이 있었다는 것이 부끄러운 흠일지라도 '부록'이라고 거짓으로 말하는 것은 그리스도인의 양심에서 벗어나는 행위이다. 이것도 하나의 역사인 것이다. 위대한 다윗 왕의 치부를 성경이 숨기지 않고 있다는 사실을 우리는 직시해야 한다.

외경은 다른 성경과 마찬가지로 당시 캠브리지 그룹에서 실제로 번역

---

2) Harper's Bible Dictionary, (San Francisco: Harper & Row, 1985) p38.
　웨인 그루뎀, 『조직신학(상)』, 노진준 역 (서울: 은성출판사, 2009) p70.

했다. 그리고 그 번역 과정이 얼마나 정교하게 이루어졌는지 스스로 잘 증언하고 있다. 그 이름도 정확하게 기록되어 있다. 킹제임스 성경을 지지하는 글에서도 철저하게 검토해서 킹제임스 성경 초판이 세상에 나오게 된 것이라고 언급하고 있다.

(외경의 번역자들: Dr. John Duport, Dr. William Brainthwaite, Dr. Jeremiah Radcliffe, Dr. Samuel Ward, Dr. Andrew Downes, John Bois, Dr. John Ward, Dr. John Aglionby, Dr. Leonard Hutten, Dr. Thomas Bilson, Dr. Richard Bancroft)

"이런 철저한 과정을 거쳐 세계 최고의 석학들이 원어로 된 성경을 처음부터 끝까지 적어도 14번 이상 검토하고 읽고 번역한 결과 영어로 보존된 하나님의 말씀, 즉 1611년 처음으로 발간된 이래 단 한 차례의 개정 작업을 거치지 않고 보존된 하나님의 말씀인 흠정역 성경이 나오게 되었다."(『흠정역 성경의 4중 우수성』, p78)

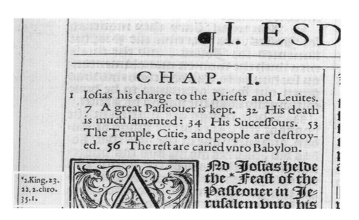

[위의 사진은 1611년 초판에 실린 외경(外經)인 '에스드라 1서 1장'이다. 그런데 외경의 관주(貫珠)에 '열왕기하 23:22', '역대하 35:1'이 보인다. 킹제임스 성경 초판은 외경을 '부록'이 아니라 '정경'(canon)으로 사용했다는 증거이다]

처음부터 끝까지 14번 이상 검토하고 한 차례의 개정 작업을 거치지 않고 보존된 1611년 킹제임스 성경이란 주장은 진실이 아니다. 왜냐하면 외경이 삭제되었기 때문이다. 진리의 측면에서는 참으로 다행스러운 일이지만 한 차례의 개정 작업을 거치지 않고 보존되었다는 주장에는 모순이 생긴다. 그리고 1611년 초판과 1769년판의 차이가 너무나도 방대하다.

그럼에도 이것이 진실처럼 왜곡되거나 외경이 부록이었다는 주장은 킹제임스 성경 독자들이 감당하기에는 역부족이다.

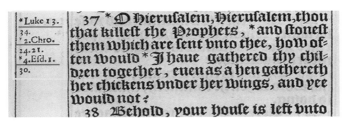

[위 구절은 1611년 초판, 마태복음 23장 37절이다. 그런데 마태복음 23장 37절의 관주 (貫珠)에 '누가복음 13:34', '역대하 24:21', 그리고 외경인 '4 에스드라서(에스드라 2서를 의미) 1:30'가 보인다. 킹제임스 성경 초판 관주에는 외경이 다른 성경과 동일하게 난외주에 기록되어 있다.]

2. 1611년 초판에는 '난외주'(欄外註)가 있었다

언급했듯이 킹제임스 성경 초판에 실린 '난외주'는 일반적인 '관주'(貫珠) 와는 다르다. 관주(貫珠)는 말 그대로 연관된 다른 성경 구절을 의미하지만 난외주(欄外註)는 번역자들이 번역의 근거를 기록한 것을 의미한다. 그래서 난외주는 번역자들이 얼마나 심혈을 기울여 번역했는지, 그리고 얼마나 정직하게 번역했는지 알 수 있는 부분이다.

킹제임스 성경 번역자들은 난외주에 총 세 가지의 다른 표식을 사용했다. 첫째, 십자가 표식(†)이다. 이 표식은 원어와 다르게 번역했을 때 사용했다. 둘째, 단락표식(‖)이다. 이 표식은 번역된 단어 외에 다른 의미로 번역될 수 있음을 의미한다.

셋째, 별표식(*)이다. 이 표식은 오늘날의 관주의 의미와 동일하다.

초판에는 이와 같은 표식이 외경에 있는 것을 포함해서 무려 8,400여 군데가 넘는다. 어쩌면 그 당시 킹제임스 성경의 우수성은 바로 이 난외주에 있다고 해도 과언이 아니다. 독자들로 하여금 성경에 있는 단어를 더욱 깊이 묵상하도록 만들었기 때문이다. 1611년 초판 서문에 그렇게 언급하고 있다. 그러나 이 난외주를 삭제시키면 하나님께서 오직 하나의 번역본, 하나의 단어로만 하나님의 말씀을 보존하셨다는 미혹에 빠질 수 있게 된다.

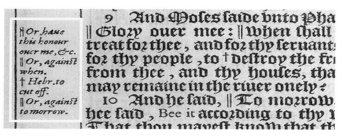

[번역자들은 십자가(†) 표식과 단락 표식(‖)을 사용하여 원어와 다르게 번역된 것과 다르게 변역될 수 있는 사실을 분명하게 밝히고 있다. 1611년 초판에는 이러한 종류의 표식들이 외경에 있는 것을 포함해서 무려 8,422 군데가 있다][3]

---

3) Edward F. Hills, The King James Version Defended, (The Christian Research Press, 2006), p282.

[출애굽기 34장 28절에서 킹제임스 성경 번역자들은 난외주에 '†Hebr. words.'라고 기록했다. '십계명'으로 번역은 했지만 히브리어로는 열 가지의 '말씀들'(words)이란 뜻임을 밝혀 놓았다. 번역자들은 난외주에서 번역된 영어와 원어의 뜻이 다름을 정직하게 밝히고 있다. 이것이 바로 킹제임스 성경 난외주이다]

아래의 글은 이미 킹제임스 성경을 변호하는 출판사에서 발행된 책에도 있는 내용이다.

"난외주들이 가리키는 것은 킹제임스 성경 번역자들은 자신들의 작품을 완전하거나 영감을 받은 것으로 간주하지 않았다. 단지 그들은 그것이 하나님의 거룩한 말씀들을 신뢰할 만하게 재현한 것으로 여겼고 그리스도인 독자들에게도 그렇게 추천했다"(『킹제임스 변호』, p214)

3. 1611년 초판에는 '서문'(序文)이 있었다

[1611년 초판에는 '번역자들이 독자들에게'라는 서문이 선명하게 인쇄되어 있다. 그러나 어찌된 이유인지 현대판 킹제임스 성경에는 이 서문이 사라지고 없거나 전혀 다른 서문을 집어넣어 판매하고 있다.]

이 서문의 본래 제목은 '번역자들이 독자들에게(The Translators To the reader)'이다. 번역자들은 번역의 배경과 타당성, 그리고 번역의 어려움과 고뇌를 모두 서문에 기록했다. 그들은 오늘날과 같은 킹제임스 유일주의처럼 주장하지도 않았고 그런 의미로 말하지도 않았다.

그런데 미성서공회(ABS)가 설립된(1816년) 이후 미국판 킹제임스 성경에서는 서문이 인쇄되지 않았다. 그러나 근래에 들어서 '미성서 공회'에서 서문을 다시 실어 펴낸 킹제임스 성경도 있다. 1611년 킹제임스 성경 초판을 그대로 재현하기 위해서이다(THE HOLY BIBLE, NY: American Bible Society, 2010).

세상에 존재하는 논문이나 중요한 책은 모두 서문(序文)이 있다. 서문을 통해 글의 취지를 독자들에게 알리기 위해서이다. 그러나 서문이 없으면 항해하는 배에 '키'가 없는 것과 마찬가지가 된다. 방향을 잡을 수가 없게 된다. 방향을 잡지 못한 배는 풍랑에 휩쓸리거나 암초에 걸릴 위험에 노출될 수밖에 없다.

참으로 킹제임스 성경을 진정으로 사랑하는 사람이라면 이 같은 사실에 무지해서는 안 된다. 진실에 눈을 떠서 왜 그 성경이 좋은 성경인지 설명할 수 있어야 한다. 그리고 그 근거를 통해 의문을 가지고 있는 사람들에게 정확하게 설명할 수 있어야 한다. 그래야만 자신이 주장하는 바의 정당성이 흔들리지 않게 된다. 만일 그렇게 할 수 없다면 그 주장에 대한 책임을 스스로 감당해야 할 것이다.

하나님의 말씀과 진리는 항상 진실 위에 존재한다. 진리가 거짓의 모래 위에 세워지는 법은 없다. 그렇지 않으면 겉만 화려한 '예루살렘 성전' 안에서 자신들만이 유일하게 선택받은 민족이라고 자부하는 바리새인들과 무엇이 다르겠는가?

율법을 주신 분도 하나님이요 성경을 주신 분도 하나님이다. 안식일을 만드신 분도 하나님이요 성전을 만들게 하신 분도 하나님이다. 그런데 이 땅에 오신 하나님은 율법보다, 성경책보다, 안식일보다, 성전보다 더 열등한 존재가 되고 말았다.

그리고 언제부터인가 번역본 하나가 하나님을 능가하는 존재가 되어가고 있다. 성경책은 하나님의 말씀을 기록한 도구이지 인격체가 아니다. 그러므로 무지한 영혼들을 죽이는 일에 킹제임스 성경이 도구가 되어서는 안 된다. 킹제임스 성경은 진리의 관점에서뿐만 아니라 역사적으로 귀중한 가치가 있기 때문이다. 세상에서 그 사실을 모르는 사람이 누가 있겠는가?

그러나 비록 선한 의도로 킹제임스 성경만이 유일하게 보존된 무오류한 성경이라고 주장했다고 할지라도 그것이 진실이 아니라면 언젠가 하나님 앞과 수많은 성도들 앞에서 그 책임을 감당해야만 한다.

사도 베드로는 자신이 초대 교황이라는 말을 남기지 않았다. 그러나 수많은 사람에 의해 그렇게 추앙받고 있다.

예수님의 육신의 어머니 마리아는 자신이 하나님의 어머니라는 말을 남기지 않았다. 그런데 수많은 사람들에 의해 그렇게 만들어지고 말았다.

킹제임스 성경 번역자들은 자신들이 번역한 성경만이 유일하고 오역이 없는 성경이라고 주장하지 않았다. 그런데 지금은 그렇게 변질되어 있다. 마치 그것이 진리를 지키는 일이라고 생각하면서 말이다.

참으로 우리는 진실과 거짓이 혼미한 시대에 살고 있다. 그렇다고 해서 우리의 영적 싸움에 거짓이 그리스도인들의 무기가 되어서는 안 된다. 거짓된 근거로 영적 싸움을 싸우게 되면 결국 하나님을 욕되게 하는 것이 되기 때문이다. 그리스도인들은 모든 진실의 정점에 계신 하나님을 두려워해야 한다.

그래서 제2부에는 1611년 초판 서문의 핵심을 요약해 놓았다. 오늘날 킹제임스 성경 유일주의자들이 그토록 '무오류하고 유일하게 보존된 성경' 이라고 외치던 그 성경을 번역한 사람들이 기록한 글이다. 이미 킹제임스 성경 출판사에서 번역하여 펴낸 책에도 있는 핵심이다.

"진실되고 선한 크리스천 독자여, 우리는 새로운 역본을 만드는 것이 필요하다고 처음부터 생각하지 않았으며 나쁜 역본을 좋게 만드는 것도 생각하지 않았습니다. 다만 우리는 좋은 역본을 더 좋게 만들든지 혹은 많은 좋은 역본들에서 가장 으뜸가는 좋은 것을 만들려고 했습니다"(『킹제임스 성경 변호』, p213)

오늘날 우리가 애용하고 있는 킹제임스 성경은 섭리적으로 보존된 성경이다. 번역자들은 이전의 역본들의 가치를 존중했으며 그것들 위에 자신들의 헌신을 추가했음을 숨기지 않았다. 그러므로 모세의 제자로 자처했던 바리새인들이 정작 모세가 기록한 글을 신뢰하지 않는 모순이 되풀이 되지 않았으면 좋겠다.

킹제임스 성경 번역자들이 기록한 서문도 신뢰하지 않으면서 그들이 번역한 킹제임스 성경을 믿는다는 것은 얼마나 모순적인 일인가!

킹제임스 성경 번역자들은 서문을 통해 자신들이 번역한 성경을 원어에 가깝게 번역하려고 했지만 그 한계는 일어날 수밖에 없음을 피력했다. 하나님의 말씀은 무오류하지만 문자 자체는 한계가 있을 수밖에 없기 때문이다.

그래서 킹제임스 성경 첫 페이지에 다음과 같은 번역의 방법을 기술하였다. 그들은 결코 원어에서 문자 대 문자로 번역한 것이 아님을 분명하게 언급했다. 이전의 역본들도 부지런히 비교하고 수정하여 번역했다고 했다.

[Containing the Old and The New: Newly translated out of the original tongues: and with the former translations diligently compared and revised by his Majesty's special command]

"구약과 신약을 포함하는 본 성경전서는 제임스 폐하의 특별 명령에 따라 원어에서 번역하였으며 또한 이전 역본들을 부지런히 비교하고 수정하여 번역하였다"

킹제임스 성경 번역자들은 1611년판 초판 속에 번역본에 대한 모든 진실을 있는 그대로 드러내었다. 원어에서만 번역한 것이 아니라 이전 역본들을 부지런히 비교하고 수정하여 번역했음을 만천하에 선포했다.

그렇다면 킹제임스 성경 표지에 기록된 문구만 제대로 살펴보았어도 킹제임스 성경 유일주의 성경관이 생겨났을 수가 없는 것이다.

킹제임스 성경 유일주의자들을 포함해서 킹제임스 성경을 진정으로 사랑하는 사람들이라면 이 성경을 번역한 번역자들의 말에 귀를 기울여야 한다. 킹제임스 성경을 신뢰하는 모든 사람이 동일한 목소리로 킹제임스 성경 번역자들이 히브리어와 헬라어에 능통했던 사람들이라고 말하지 않았는가? 그렇다면 누구를 더 신뢰해야 하는가? 그 성경을 판매하는 출판업자들인가? 아니면 킹제임스 성경 번역자들인가?

2

1611년 KJV
서문의 핵심

제2부 1611년 KJV 서문의 핵심

   1611년 초판에 있는 '번역자들이 독자들에게'라는 서문은 한글로 작성된 '독자들에게 드리는 글'과는 전혀 다른 내용이다.

   본래 1611년 초판의 서문은 깨알 같은 글씨체로 11페이지에 달하는 방대한 분량이다. 지금으로부터 약 400년 전의 영어라서 번역에 어려움이 있었던 점은 부인할 수 없다. 그러나 어찌하든지 초판 번역자들의 의도를 정확하게 전하려는 각오로 이 글을 번역하였다. 그리고 초판을 읽기 전에 전체 내용을 쉽게 이해하도록 핵심적인 부분을 먼저 요약해 놓았다. 지식과 지혜가 더 뛰어난 사람들이 끊임없이 나타나서 더 정확한 의미가 전달되는 계기가 되었으면 한다.

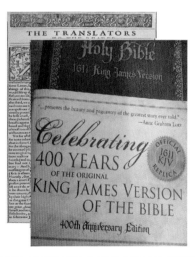

[1611년 초판 내용이 그대로 복사된 미국 존더반 출판사의 400주년 기념판. 다만 초판에 있었던 외경은 삭제되어 인쇄되어 있다]

1611년 KJV 서문의 요약

아래의 글은 킹제임스 성경 역사에 조예가 깊은 '조이너 박사'(Dr. Robert A. Joyner)의 책에서(King James Only? A Guide to Bible Translations) 부분적으로 발췌하였고 보충하여 킹제임스 성경 초판 서문의 내용을 축약하여 정리한 글이다.

1. 킹제임스 성경 번역자들은 '70인역'도 신약교회가 사용했음을 분명하게 밝히고 있다.

번역자들은 '칠십인역'이 불완전한 성경임을 인정하고 있다. 그럼에도 불구하고 하나님께서 이집트의 왕 프톨레미의 영(靈)을 움직여서 오류 많은 칠십인역을 번역하게 하셨다고 했다. 물론 70인역에 있는 외경까지 번역하게 하셨다는 의미는 아니다. 외경은 히브리 마소라 성경 목록에는 포함되어 있지 않기 때문이다.

"그런데 보라, 주께서 헬라의 통치자 곧 이집트의 왕 프톨레미 필라델프 (헬라어를 쓰는 헬라 후손)의 마음을 움직이는 것을 기뻐하사 히브리어로 된 하나님의 책을 헬라어로 번역하도록 하셨다. 이것이 바로 칠십 명의 번역자들을 통해 번역된 성경이다." - 1611 초판 서문에서

"then lo, it pleased the Lord to stir up the spirit of a Greek Prince (Greek for descent and language) even of Ptolemy Philadelph King of Egypt, to procure the translating of the Book of God out of Hebrew into Greek. This is the translation of the Seventy Interpreters"

참으로 충격적인 기록이 아닐 수 없다. 번역자들은 오류투성이의 70인 역이 세상에 나오도록 하나님께서 그 일을 진행토록 하셨다는 것이다. 이 글은 킹제임스 성경 유일주의자들이 그토록 훌륭한 신앙의 소유자라고 극찬하고 있는 킹제임스 성경 번역자들의 말이다. 지어낸 이야기가 아니라 그들이 서문에 기록한 내용이다. 또한 킹제임스 성경을 변호하기 위해 펴낸 책에도 있는 글이다.

"구약 성경을 인용할 때 사도들은 70인역과 히브리어 성경 기록 사이에 어떤 차별도 두지 않았다... 달리 말해 사도들은 70인역을 구약 성경을 그리스어로 번역한, 섭리로 승인된 역본으로 인정했다. 그들은 70인역이 하나님께서 그 당시 이방인 교회가 구약 성경으로 사용하기를 바라신 역본 이라고 이해했다."(『킹제임스 성경 변호』, p227-228)

"번역본에 대한 우리의 생각도 그와 같다. 많은 부분에서 70인역은 원어 와 일치하지 않으며 명료함이나, 장중함이나, 위엄에 있어서 원어 근처에 도 갈 수 없다. 그렇다고 해서 어떤 사도가 그것을 책망하였는가? 아니다. 오히려 그들은 그것을 사용했다(제롬과 대부분의 학식있는 사람들이 공언 했을 만큼 분명하다). 만일 그것이 하나님의 말씀의 이름과 직함에 가치가 없는 것이었더라면 그것을 사용하지 않았을 것이고 그들에 의해 용례가 되 지도 않았을 것이다. 그러나 너무 은혜로워 교회에 추천까지 했다."- 1611 초판 서문에서

"The like we are to think of Translations. The translation of the Seventy dissenteth from the Original in many places, neither doth it come near it, for perspicuity, gravity, majesty; yet which of the Apostles did condemn it? Condemn it? Nay, they used it, (as it is apparent, and as Saint Jerome and most learned men do confess) which they would not have done, nor by their example of using it, so grace and commend it to the Church, if it had been unworthy the appellation and name of the word of God."

2. 킹제임스 성경 번역자들은 '다른 번역본'도 소중한 역사적 산물임을 분명하게 말했다

'번역본'은 어느 한 순간에 하나님께서 주신 것이 아니라 1611년 이전부터 수많은 번역자들과 번역의 역사가 있었다는 것이다. 킹제임스 성경 번역자들은 이전에 불완전한 번역본조차도 하나님의 섭리가 있었음을 분명히 말했다.

"그러므로 우리가 앞서 세웠던 그들의 기초 위에 건물을 세운다면, 그들의 수고가 도움이 되는 것이며, 그들이 남긴 것을 더욱 더 좋게 만들기 위해 수고하는 것이 된다." - 1611 초판 서문에서

"so, if we building upon their foundation that went before us, and being holpen by their labours, do endeavor to make that better which they left so good"

킹제임스 성경 번역자들의 발언은 번역의 다양성을 허락하신 하나님의 섭리가 분명히 있다는 뜻이다. 아래의 글들은 모두 킹제임스 성경을 변호하기 위한 책들 중에서 스스로 증거하고 있는 글들이다. 그렇다면 킹제임스 성경 유일주의자들의 모순된 주장들을 독자들은 어떻게 감당해야 하는 것인가?

"그 당시 라틴어가 아닌 다른 언어로 기록된 성경을 불태우던 카톨릭 교회를 향한 킹제임스 성경 번역자들의 주장은 형편없게 번역된 하나님의 말씀도 여전히 하나님의 말씀이며 따라서 존경심을 가지고 존엄하게 그것을 대해야 한다는 것이다."(『킹제임스 성경의 영광』, p94)

"그래서 킹제임스 성경 번역자들은 아퀼라(Aquila)와 데오도티온 (Theodotion) 그리고 '70인역' 같은 그리스어 역본들을 가리키며 자기들의 관점을 예증한다... 우리는 번역본에 대해 그렇게 생각한다. 많은 곳에서 '70인역'은 원본에서 벗어났고 명확함과 진지함, 그리고 위엄 면에서 원본에 근접하지 못한다. 그러나 사도들 중에서 누가 그것을 비난했는가? 책망했는가? 아니다. 그들은 그것을 사용했다... 유대교로 개종한 유대인 개종자 아퀼라의 역본, 더러운 이단인 에비온파에 속한 시마쿠스와 테오도티온의 역본들. 오히려 그들은 그런 역본들을 히브리어 본문과 '70인역'과 함께 묶어서 다른 사람들이 그것들을 생각하고 그것들에 정통할 수 있게 공개적으로 제공하였다"[4]

3. 킹제임스 성경은 문자 대 문자로 번역한 것이 아니다

오늘날 많은 킹제임스 성경 유일주의자들은 킹제임스 성경만이 원어에서 '문자 대 문자'로 번역된 유일한 성경이라고 믿고 있다. 진리처럼 각인되어 있는 이 주장은 안타깝게도 진실이 아니다. 진화론자들이 '진화론'을 진실처럼 주장하는 것처럼 이것은 일종의 '주장'일 뿐이다.

---

4) 토마스 홀랜드, 『킹제임스 성경의 영광』, 정동수 역 (인천: 그리스도 예수안에 출판사, 2006) p94.

문자 대 문자로 번역될 수 없었기 때문에 난외주가 있었던 것이다. 그들은 난외주를 통해 원어와 영어의 의미와 다르게 번역된 부분을 증거로 남겼다. 그리고 원어에는 존재하지 않은 단어나 구절은 '이탤릭체'로 구분하였다(초판에는 작은 영문체로 구분하였다). 이 사실 자체가 문자 대 문자로 번역될 수 없음을 반증하는 것이다.

킹제임스 성경 번역자들은 이전에 존재했던 수많은 불완전한 역본들조차도 부지런히 비교하고 수정하여 번역했다고 했다. 그래서 불완전한 70인역조차도 하나님께서 번역하게 하셨다고 말했던 것이다(70인역은 번역본이지 필사본이 아니다).

위클리프 성경은 1382년에, 틴데일 성경은 1525년에, 커버데일 성경은 1535년에, 매튜 성경은 1537년에, 그레이트 성경은 1539년에, 제네바 성경은 1560년에, 비숍 성경은 1568년에, 그리고 킹제임스 성경은 1611년에 번역되었다. 모두 번역본이다.[5]

그렇다고 1611년 초판 번역자들이 이전의 번역본을 멸시했던 적이 있었던가? 이전의 번역본들은 킹제임스 성경과 상당한 차이가 있다. 그렇다고 해서 번역자들이 이전의 성경은 오류있는 하나님의 말씀이고 쓸모없는 번역본이라고 하였던가? 전혀 아니다. 그들은 이전의 역본들과 다른 나라의 언어도 참고하였다고 분명하게 말했다.

"킹제임스 성경은 번역자들의 다양한 그룹으로 구성된 여러 개의 위원회를 통과했다… 위원회에 있던 사람들은 원래의 언어와 초기 영어 역본들

---

5) 베이빗 비일, 『영어성경역사』, 이영주 역 (서울:기독교문서선교회, 1994) p12-13.

그리고 독일어, 프랑스어, 이탈리아어와 스페인어를 포함한 외국 번역본들과 같은 다양한 자료의 본문을 따랐다"(『킹제임스 성경의 영광』, p70)

4. 킹제임스 성경 번역자들은 이전의 '가장 미천한 번역본'도 '하나님의 말씀'이라고 했다

킹제임스 성경 번역자들은 참으로 겸손한 영을 소유했다. 그렇다면 1611년에 번역된 성경만이 '유일하게 보존된 무오류한 성경'이라는 주장은 어디서 온 것인가? 번역자들이 그렇게 말한 것도 아니요 하나님께서 그렇게 말씀하신 것도 아니다.

어떤 사람들은 성경기자(聖經記者)들처럼 킹제임스 성경 번역자들이 자신이 번역한 성경이 무오류한 성경이 될 줄 몰랐을 것이라고 주장하는 사람들이 있다. 그러나 킹제임스 성경 번역자(飜譯者)들은 성경기자(聖經記者)들이 아니다. '성경기자'와 '성경 번역자'는 직분 자체가 다르다.

'성경기자'는 성령의 영감으로 성경을 기록한 선지자나 사도들이 되지만 '성경 번역자'는 성령의 영감을 받은 사람들이 아니다. 그래서 '축자영감(逐字靈感)'은 번역본에는 절대로 사용해서는 안 되는 개념이다.

'영감(inspiration)'이란 단어는 헬라어로 '데오프뉴스토스'(θεόπνευστος, 딤후 3:16)를 번역한 단어인데 이 단어는 '하나님이 숨을 불어 넣으셨다(God-breathed)'는 의미이다. 그러나 하나님은 번역자들에게 성령의 숨을 불어 넣으신 적이 없으시다. 난외주가 그 증거이다. 사람들이 그렇게 생각하지 못하도록 자신들의 한계를 난외주에 분명하게 증거로 남긴 것이다.

그러므로 '축자영감'을 번역본에 적용하게 되면 큰 혼란이 발생하게 된다.

그리스도인들은 성경을 문자 그대로 믿는 사람들이다. 그렇다고 할지라도 번역본(飜譯本)을 영감받은 성경의 위치로 끌어 올려서는 안 된다. 그래서 킹제임스 성경 번역자들은 번역된 성경을 가리켜 하나님의 말씀을 담고(conteyning, 또는 포함하고) 있다고 표현했던 것이다.

이 단어는 초판 표지에 등장하는 단어이기도 하다.(**Conteyning** the Old Testament, AND THE NEW: Newly Translated out of the Original tongues;...). 번역자들은 다음과 같이 언급했다.

"...이들을 향한 우리의 대답은, 우리가 피하지 않고 오히려 단언하고 공언한다. 영어로 된 가장 미천한 성경 번역은 우리가 이미 공언했던 사람들에 의해 발행된 것이며(우리가 그들의 성경 전체를 보지 못했다 할지라도), 그것은 하나님의 말씀을 담고 있으며, 아니 하나님의 말씀이라고 단언하고 공언하는 바이다." - 1611초판 서문

"...we answer; that we do not deny, nay we affirm and avow, that the very meanest translation of the Bible in English, set forth by men of our profession, (for we have seen none of theirs of the whole Bible as yet) containeth the word of God, nay, is the word of God"

킹제임스 성경 번역자들은 서문 어디에도 자신들이 번역한 성경만이 최종 권위이며 오류가 하나도 없다는 말을 하지 않았다. 그렇게 주장하게 되면 번역본이 성령의 영감으로 기록된 원어의 영역을 침범하게 되기 때문이다.

그렇다면 도대체 누가, 무슨 근거로 그렇게 말해 왔으며, 왜 지금까지

그렇게 믿어온 것인가? 이 '서문'이 존재하는 동안 그런 주장은 발생할 수가 없지 않은가?

모세오경을 기록한 '모세'와 모세오경을 번역한 '번역자'는 전혀 다른 사람인 것이다. 유대인들의 관점에서 그러한 주장을 하게 되면 토라(히브리어 성경)를 모독하는 죄가 성립하게 된다.

킹제임스 성경 번역자는 영감받은 성경기자(聖經記者)가 아니라는 뜻이다. 오히려 킹제임스 성경 번역자들은 자신들이 번역한 성경을 독자들이 그런 생각을 하지 못하도록 '서문'과 '난외주'를 작성했던 것이다.

5. 킹제임스 성경 번역자들은 자신들이 번역한 번역본을 수정하는 것을 부끄럽게 생각하지 않았다. 번역본은 영감받은 원어 성경이 아니기 때문이다.

오늘날 킹제임스 유일주의자들이 오해하고 있는 것이 하나 있다. 그것은 바로 '보존'의 의미이다. 보존에는 크게 '원어의 보존'과 '섭리적인 보존'이 있다. 오늘날 우리가 사용하고 있는 번역 성경은 '섭리적으로 보존된 성경'이라고 할 수 있다. '섭리적인 보존'의 개념은 원어를 포함해서 번역본의 수정과 교정의 모든 역사가 포함되는 영역이다.

그래서 현대판 킹제임스 성경도 수많은 수정과 교정을 거쳐 오늘날에 이르게 된 것이다. 이 모든 과정을 '식자공의 오류'라는 가림막으로 덮을 수는 없다. 힘없는 식자공들이 무슨 책임이 있는가? 다시 말하지만 성경 교정의 책임과 권한은 '출간위원회'에게 있는 것이다. 식자공들은 성경은 인쇄하라는 명령에 따라 찍어내는 일을 하는 사람들이다. 인쇄된 성경을 교정하는 책임이 번역자들에게 있었기 때문에 킹제임스 성경 번역자들은 서문을 통해 잘못 번역된 성경은 언제든지 수정되어야 함을 피력했던 것이다.

"어거스틴은 제롬에게 취소나 철회를 권고하는 것을 두려워하지 않았다. 마찬가지로 어거스틴도 철회하는 것을 부끄러워하지 않았다. 우리도 취소를 말하게 될지도 모른다. 그리하여 그에게 지나갔던 많은 것들, 그가 알고 있는 연약함조차도 영광이 될 것이다. 만일 우리가 진리의 아들이라면, 진리가 말하는 것을 깊이 생각해야 한다. 그리고 어떤 식으로든 진리에 방해가 된다면 우리 자신의 공적과 다른 이들의 공적도 허물어져야 한다."
- 1611 초판 서문

"Saint Augustine was not afraid to exhort S. Jerome to a Palinodia or recantation; the same S. Augustine was not ashamed to retractate, we might say revoke, many things that had passed him, and doth even glory that he seeth his infirmities. If we will be sons of the Truth, we must consider what it speaketh, and trample upon our own credit, yea, and upon other men's too, if either be any way an hindrance to it."

그래서 킹제임스 성경은 1611년에 출판되었지만 바로 2년 뒤엔 1613년에 수정본이 나왔다.[6] 그리고 1629년에는 외경을 삭제시켰다(일률적인 것도 아니다). 그리고 1762년에는 캠브리지에서, 1769년에는 옥스퍼드에서 현대 영어에 맞게 대대적으로 수정하고 교정했던 것이다. 그런데 이 두 판본에는 여전히 외경이 담겨 있었다.

그 이후에도 수많은 수정과 교정의 역사가 있어 왔다.[7] 왜냐하면 원어가 아니라 번역본이기 때문이다.

---

6) 베이빗 비일, 『영어성경역사』, 이영주 역 (서울:기독교문서선교회) p67-69.
7) THE HOLY BIBLE(KJV), (NY: American Bible Society, 2010) p11.

이러한 역사적인 진실이 하나님의 말씀이 기록된 성경에 대한 권위를 떨어뜨린다고 생각한다면 그것은 '번역본'에 대한 특성을 참으로 잘못 알고 있다는 증거이다. 그것이 아니라면 킹제임스 성경이 이미 숭배의 대상이 되어 있다는 뜻이다.

6. 킹제임스 성경 번역자들은 번역본을 끊임없이 다듬고 수정했음을 부인하지 않았다

오늘날 많은 사람들이 킹제임스 성경은 히브리어와 헬라어에서 일대일로 직접 번역한 것으로 믿고 있지만 번역자들은 그렇게 말하지 않았다. 난외주에 대한 설명이 이것을 잘 증명하고 있다. 번역자들은 이전의 번역본을 최대한 활용하여 원어에 더욱더 가깝게, 진리가 더욱더 분명하게 세워지도록 했다고 했다.

"참으로 우리는 처음부터 새로운 번역본을 만들어야 한다고 생각한 적이 없으며 나쁜 것을 좋은 것으로 만들어야 한다고 생각하지도 않았다... 그러나 우리의 노력과 목표는 새로운 번역본을 만드는 것이 아니라, 이미 좋은 번역본을 더욱 개선하거나 여러 개의 좋은 번역본에서 하나의 주요한 번역본을 만드는 것이었다. 그리고 그것이 합당한 이유 없이 배척당하지 않도록 하는 것이었다."

"we never thought from the beginning, that we should need to make a new Translation, nor yet to make of a bad one a good one,... but to make a good one better, or out of many good ones, one principal good one, not justly to be excepted against;"

오늘날 킹제임스 유일주의자들은 킹제임스 성경이 마치 하늘에서 뚝 떨어진 것처럼 생각하고 있다. 모세처럼 성령의 영감을 받아 그 일을 했을 것으로 생각하는 사람들까지 있다. 그러나 그렇게 만들어지지 않았음을 숨기지 않았다.

"우리가 완성했던 것을 수정하는 것과 우리가 망치로 두들겼던 것을 다시 모루대로 가져가는 것을 수치스럽게 생각하지 않았다" - 1611 초판 서문

"neither did we disdain to revise that which we had done, and to bring back to the anvil that which we had hammered"

[1611년 초판 킹제임스 성경은 수천 번, 수만 번 두들겨서 만들어진 번역본임을 알 수 있다/freepik.com]

8. 킹제임스 성경 번역자들은 번역의 다양성을 강조했다

킹제임스 성경의 서문의 내용과 오늘날 킹제임스 유일주의자들의 주장에는 많은 차이가 있다. 그 중에 하나가 바로 번역의 다양성이다.

번역자들이 난외주를 만든 목적이 무엇이겠는가? 하나의 단어에 여러 가지 의미가 있을 수 있음을 독자들에게 보여주기 위함이었다. 그래서

서문을 통해 난외주의 목적과 취지를 많은 지면에 걸쳐서 설명했다.

다시 언급하지만 킹제임스 성경 번역자들은 난외주를 통해 원어와 다르게 번역된 곳은 십자가 표식(†)을 남겼다. 번역된 단어 외에 다른 의미도 있음을 알리고자 할 때는 단락표식(‖)을, 그리고 관주를 의미할 때는 별표식(*)을 사용했다.

"그러므로 어거스틴이 말한 것처럼, 번역의 다양성은 성경의 의미를 찾기 위해 유익한 것이다. 우리가 확신했듯이 텍스트가 너무 불투명 한 곳에서는 난외주에 있는 분별과 의미의 다양성이 틀림없이 좋은 역할을 하고 참으로 필요하다. 우리는 그렇게 확신한다." - 1611 초판 서문

"Therefore as S. Augustine saith, that variety of Translations is profitable for the finding out of the sense of the Scriptures: so diversity of signification and sense in the margin, where the text is no so clear, must needs do good, yea, is necessary, as we are persuaded"

9. 킹제임스 성경 번역자들은 단어 하나에 집착하지 않았다.

다시 말해 번역자들은 계시의 풍성함을 자신들이 선택한 단어 안에 가두지 않았다. 이것은 엄청난 발언이 아닐 수 없다. 누구든지 자신이 선택한 단어나 자신이 번역한 성경이 최고가 되어야 한다고 말하고 싶겠지만 그렇게 말하지 않았다.

"우리가 선한 독자들에게 알리는 것이 좋다고 생각하는 것이 하나 있는

데, 그것은 우리가 표현의 균일성이나 단어의 동일성에 얽매이지 않았다는
것이다." - 1611 초판 서문

"Another thing we think good to admonish thee of (gentle Reader) that
we have not tied ourselves to an uniformity of phrasing, or to an identity
of words"

참으로 킹제임스 성경 번역자들은 기록된 계시의 풍성함을 제한하지
않았다. 오히려 단어의 한계로 진리가 더 풍성하게 전달되지 못함을 안타
까워했다. 사람들은 어쩌면 난외주 때문에 하나님이 이 성경도 보존하고
저 성경도 보존하는 중심이 없는 하나님으로 오해할 수 있을 것이다. 그러나
킹제임스 성경 번역자들은 결코 그런 의미로 말하지 않았다. 자신들이 사용
하고 있는 단어에 한계가 있을 수밖에 없음을 정직하게 인정하였던 것이다.

"어찌하여 하나님의 왕국이 단어들과 음절들이 되어야 하는가? 우리가
자유로울 수 있다면, 우리가 또 다른 적합한 단어를 사용하고자 하여 정확
한 단어를 넉넉하게 사용한다면 왜 우리가 단어들에게 속박을 받아야 하는
가?" - 1611 초판 서문

"For is the kingdom of God become words or syllables? why should we
be in bondage to them if we may be free, use one precisely when we may
use another no less fit, as commodiously?"

번역자들이 일관되게 주장하고 있는 것은 끊임없이 망치로 두들기는 것
처럼 '번역본'도 그렇게 만들어졌다는 것이다. 어쩌면 그것이 번역본이
누릴 수 있는 최고의 특혜일 것이다. 다음의 글도 영원한 하나님의 말씀과
언어의 한계를 정확하고 꼬집고 있다.

"언어는 꽃처럼 성장하고 시든다. 비록 꽃은 시들지만 하나님의 말씀은 영원하리라는 사실을 아는 것은 얼마나 고무적인 일인가!"(베이빗 비일, 『영어성경역사』, 이영주 역 (서울:기독교문서선교회, 1994, p69)

'필사본'은 히브리어나 헬라어로 전수된 성경을 그대로 옮겨 적는 일이다. 조금이라도 사람의 생각이나 판단이 들어가서는 안 되는 영역이다. 그러나 번역은 그 시대 사람들이 이해하는 언어로 바꾸는 사역이다. 그래서 초판 번역자들은 엄청난 수고와 비난을 감수했던 것이다.

그러므로 번역의 과정에서 오역이 있다고 할지라도 그것이 비난의 대상이 되거나 하나님의 말씀의 권위를 손상시키는 일이 결코 아닌 것이다. 번역의 역사를 살펴보면 오히려 번역본의 차이는 하나님의 말씀을 더 깊이 있게 연구하고 더 많은 묵상으로 이어지는 계기가 되게 하였다.

초대 교회 시대 영지주의자들은 보이는 것은 악한 것이요 보이지 아니한 것은 선한 것이라는 이분법적인 관점을 가지고 있었다. 그러한 관점으로 예수님의 육체를 설명할 수 없게 되자 가현설(假現設)을 만들어 내었다. 가현설은 예수님과 복음을 심각하게 훼손하는 교리이다.

극단적인 성경관도 이와 비슷하다. 번역본 자체를 자신들이 만든 선악의 기준으로 바라보게 되면 매우 위험한 결과를 초래하게 된다. 그래서 킹 제임스 성경 번역자들은 자신들이 번역한 성경이 그렇게 되지 못하도록 서문과 난외주를 남겼던 것이다.

[위의 내용들은 초판 서문을 요약한 것이다. 오해의 여지가 없도록 다시 전체 내용을 '제3부'에 실었고 <부록>을 통해 증거 자료를 보충하였다.]

3

1611년 KJV
초판의 서문

제3부 1611년 KJV 초판의 서문

엘리자베스 여왕의 뒤를 이어 영국의 새로운 왕이 된 스코틀랜드의 제임스 6세는 1604년에 새로운 성경 번역을 승인하였다. 그러나 실제로는 1607년이 되어서야 시작되었다고 한다.

"번역자들의 추천 명단이 제임스 1세에게 제출되었고 1604년 7월에 왕은 성경을 영어로 번역할 54명의 학자들을 임명하였다. 1607년에 이 작업이 공식적으로 시작되었을 때 이 일에 실제 참여한 번역자들의 수는 약 47명이었으나 이들 중 여러 명이 작업이 완성되기 전에 사망하였다. 이들은 당대 최고의 성경학자들이요 언어학자들이었다. 즉 심오하고 진실하며 경건한 인물들이었다."(베이빗 비일, 『영어 성경 역사』, 이영주 역 (서울:기독교문서선교회, p58)

킹제임스 성경을 번역한 사람들 중에 웨스트민스터 그룹의 의장이었던 앤드류스는 최고의 언어학자였다. 그가 만일 바벨탑 시대에 살았다면 최고의 통역자가 되었을 것이라고 찬사를 아끼지 않고 있다. 왜냐하면 그는 15개 언어에 능통한 사람이었기 때문이다.

또한 캠브리지 그룹에 속해 외경을 번역했던 보이스는 5세 때부터 히브리어로 성경을 읽었고 6세부터 히브리어로 글을 쓰기 시작했다고 한다. 헬라어는 두말할 필요도 없었다고 한다. 보이스는 성경 번역 위원회의 모든 진행 상황을 기록했으며 그 기록은 매우 중요한 역사적인 증거 자료가 되었다.

그리고 옥스퍼드 그룹에 속한 하르마는 헬라어 왕실 교수이며 라틴어 학자였다고 한다. 나열된 수많은 성경 번역자들의 원어에 관한 전문성은 일일이 거론하는 것이 무의미할 정도이다.(『킹제임스 성경의 4중 우수성』에서 발췌, p61-72)

킹제임스 성경을 번역했을 때 어떤 사람들이 그 일에 참여했는지는 세상이 다 아는 사실이다. 1611년 킹제임스 성경 초판 서문은 최종 편집자인 '마일스 스미스'(Miles Smith)가 이들을 대표해서 작성한 것이다. 다른 성경에 있는 서문이 아니라 1611년 초판에 실린 장엄한 문장이다.

그러므로 이 서문은 '마일스 스미스' 한 사람의 글이 아니라 그 성경을 번역했던 54명의 공동선언문과 같다. 그래서 서문 안에는 번역의 험난했던 모든 과정과 번역자들의 성경관이 고스란히 녹아 있다.

마일스 스미스는 1611년 킹제임스 성경을 번역한 이듬해인 1612년에 영국의 글로스터 지방의 주교로 임명받아 생을 마감할 때까지 약 12년 동안 글로스터 지방에서 살았다. 어쩌면 그의 신분이 걸림이 되는 사람들도 있을 것이다. 그러나 더욱더 걸림이 되는 사람이 에라스무스일 것이다. 킹제임스 성경 번역의 기초를 만든 '에라스무스'는 죽을 때까지 로마 카톨릭 사제의 신분을 벗어난 적이 없었기 때문이다.

우리는 하나님의 섭리 속에 등장하는 이러한 인물들에 대해 많은 편견을 가지고 있을지도 모른다. 어쩌면 이것은 유대인들의 관점에서 페르시아의 고레스가 하나님의 도구(사 44:28)가 되었다는 사실과 비슷할 것이다. 하나님은 우리가 생각하지도 못한 사람을 도구로 사용하실 수도 있음을 성경은 많은 곳에서 증명하고 있다.

'마일스 스미스'는 옥스퍼드 번역 그룹에 속해서 이사야부터 말라기까지 번역에 직접 참여했으며 최종 편집위원으로도 알려져 있다(베이빗 비일, 『영어 성경 역사』, 이영주 역 (서울:기독교문서선교회, p59)

[54명의 킹제임스 성경 번역자들을 대표해서 1611년 초판 '서문'을 작성한 '마일스 스미스' (Miles Smith) 주교/wikidata.com]

다시 말하지만 킹제임스 성경의 번역자들은 영국에 존재했던 당대 최고의 석학들로 구성되었다. 국가가 성경을 번역하려고 국가 재원을 투입했다는 의미이다.

그러므로 킹제임스 성경 초판 '서문'은 단순한 서문이 아니라 당시 영국 사회의 배경과 역사와 번역자들의 성경관이 총망라된 하나의 걸작인 셈이다. 내용 자체를 완전히 이해하는 것은 쉽지 않지만 오늘날 극단적인 성경관을 가지고 있는 사람들에게 닫힌 눈을 조금이라도 열어 주기를 소망해 본다.

* [ ]는 난외주를 참고한 부분이요 이해를 돕기 위해 첨가된 부분임을 알린다.

* 1611년 초판 영문 서문은 아래의 사이트를 참조하기 바란다.

*본 내용은 1611년 초판 영문 서문을 그대로 번역한 것이다.

*번역자들이 서문에서 인용한 성경 구절은 제네바 성경임을 알린다.

(www.tbsbibles.org/Resources/Articles/Translators to the Reader)

(www.originalbibles.com)

〈번역자들이 독자들에게〉

(The Translators to the Reader)

1. 최상의 것들은 이제까지 비방을 받아왔다

보편타당한 선(善)을 촉진시키기 위한 열정, 그것이 우리 스스로 계획해서 된 것이든지 아니면 다른 누군가의 수고로 이루어진 것이든지 존경과 존중을 받을 만한 일임에도 여전히 세상에서는 냉소뿐이다.

그 열정은 사랑 대신에 의심으로, 감사 대신에 경쟁심으로 치부되고 있다. 만일 트집 잡힐 만한 작은 허점이라도 있다면(찾지 못하면 만들어 낼 것이다) 틀림없이 왜곡되거나 비난 받을 위험에 처해질 것이다. 이것은 우리가 아는 많은 역사와 경험을 통해 쉽사리 수긍할 수 있을 것이다.

이러하니 이제껏 새롭게 고쳐야 할 어떤 방법이 제시되거나 고안된 적이 한 번이라도 있었던가? 그러한 새로운 방식은 엄청나게 빗발치는 반박을 견뎌야 하지 않았던가?

그래서 어떤 사람은 시민의식, 건전한 법, 학문과 발언, 교회 총회, 교회 운영기구가(이런 종류를 더 이상 말하고 싶지 않지만) 아무도 해칠 수 없는 성전처럼 안전해야만 한다고 생각했을 것이다. 언급된 이러한 발의안에 대해 어느 누구도 발꿈치를 치켜들거나 어떤 개라도 함부로 혀를 움직일 수 없을 정도가 되어야 한다고.

　　그런 까닭에 우리는 첫 번째로 육적인 것에 이끌려 사는 잔인한 짐승들과 분리했다. [시민의식을 통해/역자주]

　　두 번째로, 난폭한 행동을 제어하고 부정한 수단이든지 폭력을 통한 것이든지 위해를 가하는 행동을 제지했다. [건전한 법을 통해/역자주]

　　세 번째로, 우리가 스스로 터득한 지성과 감성으로 다른 이들을 가르치고 교화시킬 수 있도록 했다. [학문과 발언을 통해/역자주]

　　네 번째로, 우리는 글이 아니라 서로 얼굴을 맞대어 논의하면서 차이점을 신속하게 정리할 수 있게 했다. 서면 논쟁은 끝이 없기 때문이다. [교회 총회를 통해/역자주]

　　마지막으로는, 교회가 충분히 지원받는 것은 합리적이고 양심적이며 매우 바람직하다. [교회운영기구를 통해/역자주]

　　이것은 가슴에 매달려 있는 아이들에게 (자신들도 영적이고 순수한 말씀의 젖을 얻기 위해 매달려 있으므로) 영양을 제대로 공급하지 못하는 부모들보다 차라리 태어나자마자 자신의 아이를 죽이는 어머니들이 덜 잔인하다고 할 수 있기 때문이다.

　　그러므로 우리가 언급하고 있는 이러한 사항들은 반드시 필요한 것이며 아무도 반대하거나 터무니없다고 말할 수 없는 것들이다. 그리고 거절할 만한 악한 것들이 없다.

그럼에도 불구하고 존경받을만한 사람들이[아나카르시스 같은 철학자들이/난외주] 아무 잘못도 없이 불시에 죽임을 당한 것을 지식인들은 잘 알고 있다. 시민들을 통제하는데 효과가 있고 사회적 질서와 계율에 복종케 하기 위함이었는데도 말이다. 가장 치명적인 경우는 구습을 타파하기 위해 새로운 법안을 만들려는 한 번의 발의만으로도 어떤 지역에서는 [로마의 한 도시/난외주] 사형에 처해지기도 했다.

덕과 지혜의 모범이며 나라의 기둥으로 여겨져야 할 어떤 이는[카토 감독/난외주] 훌륭한 문장과 세련된 언변가였지만 오랜 동안 인정받지 못하였고 마치 암초나 독이든 상자를 피해야 하는 사람처럼 취급 받았다.

네 번째 사람은[그레고리 나지안주스/난외주] 어린아이가 아니라 위대한 성직자[신학자]였다. 그는 열정을 가지고 후세대에 길이 남을 글을 썼다[아리우스파에 대항하는 글]. 그러나 그가 쓴 글은 총회나 성직자의 모임에서 전혀 유익을 보지 못했다. 오히려 그 반대였다.

마지막으로, 교회운영과 비용, 그런 종류에 관한 문제로 말하자면, 위대하신 왕가의 대사들과 사신들에게 공급되는 것에 반대하여 어떤 거짓이나 꾸며낸 일이 있었는지 모르고 있는 바가 아니다(그렇게 평가되었고 그것을 보고했던 사람도 그 이상으로 평하지 않았다. 그러므로 꾸며낸 것임에도 불구하고). 당시 참 교회라고 말하는 로마교회 안에서 교회의 교수들과 교사들에게 풍성하게 기부되었던 그런 시기였음에도 불구하고 사람들은 치명적인 독이 교회 안으로 쏟아져 들어오고 있으며 하늘로부터 소리를 들었다는 식으로 말하고 있다.

그러므로 누가 말했듯이, 우리는 말을 할 때뿐만 아니라 무슨 주목을 받을 만하고 중요한 일을 할 때마다 모든 사람의 비난에 시달리게 된다. 사람들의 입방아에 오르내릴 정도라면 차라리 다행이다. 그러한 사람들로부터 완전히 벗어나는 것이 불가능하기 때문이다. 이러한 비난은 하찮은 사람들이나 받는 몫이라고 생각하거나 반대로 통치자들은 높은 지위로 인해 [비난을 피하는] 특권을 누리고 있다고 여긴다면 그것은 오산이다.

사무엘서에서[삼하11:25] 칼은 이 사람도 삼키고 저 사람도 삼킨다고 기록되어 있다. 대장이 병사들에게 적의 측면을 공격하지 말고 정면을 공격하라고 명령한 것 같이, 시리아의 왕이 군장들에게 작은 자나 큰 자와 싸우지 말고 오직 이스라엘 왕과 싸우라고 명령한 것 같이, 시기심이 가장 악의적으로 공격하는 대상은 다름 아닌 가장 유망하며 가장 중요한 사람들이다. 이것은 너무나도 사실이다.

다윗은 훌륭한 통치자였으며 그가 처음에 행했던 일에 대해 그와 견줄 사람이 없었다. 그는 과거에 자신이 했던 일만큼이나 가치 있는 일을 했음에도(심지어 하나님의 법궤를 격식에 맞게 다시 가져오게 했던 것 때문에) 자신의 아내로부터 경멸과 조롱을 받았다[삼하 6:16].

덕에 있어서는 아닐지라도 권세에 있어서 솔로몬은 다윗보다 위대한 왕이다. 그는 힘과 지혜로 하나님을 위해 성전을 세웠다. 그것은 이스라엘 땅에 영광과 온 세상의 놀라움이 되었다.

그러나 그의 위대함을 모든 사람이 좋아했던가? 우리는 아니라고 본다. 그렇지 않았다면 왜 사람들이 그의 아들[르호보암] 앞에서 이 문제를 내려

놓고 노역의 부담을 덜어 달라고 청하였겠는가?

"당신 아버지의 무거운 노역과 고통스러운 멍에를 가볍게 해주소서"[왕상 12:4]

아마도 솔로몬은 그들에게 성전 건축을 위한 세금을 징수했을 것이고 이것이 그들의 마음을 어느 정도 어렵게 했을 것이다. 이렇게 해서 그들이 일으킨 비극은 백성들 마음속에는 성전이 절대로 건축되지 않기를 바라는 마음이 생기게 만들었을 것이다. 그러므로 모두를 만족시키는 것은 어려운 일이다. 그 일이 하나님을 가장 기쁘게 해 드리는 것이며 모든 사람에게 인정받기 위하여 최선을 다하는 일임에도 말이다.

2. 고귀한 사람들은 이제까지 비난을 받아 왔다

후대로 내려오게 되면 그와 같이 많은 비슷한 사례나 수용하기 힘든 사나운 일들을 찾아볼 수 있을 것이다.

정상적인 연대기로 역사가 기록되어 보존된 것에 관하여 첫 번째 로마 황제는[카이사르/난외주] 학식 있는 사람들에게 전혀 기쁨이 되지 못했고 그 후손들에게도 어떤 유익이 되지 못했다. 그가 태양의 흐름을 쫓아 실제 연도를 바로잡고 달력을 교정했을 때도 그에게 돌아간 평판은 숭고함 대신 거만함과 큰 악평이었다.

황제 중에서 처음으로 그리스도인이 된 콘스탄틴도(그는 적어도 자신의 믿음을 공언했고 다른 사람들도 자신처럼 믿음을 드러내는 것을 허락했다) 자신의 위대한 책무아래 제국을 강력하게 만들었으며 교회의 쓸 것을 공급한 것의 수고로 푸필루스[승리자/난외주]라는 이름을 얻었어도 사람들은 그를 후견인이나 관리인을 필요로 하는 '사치스런 통치라'라고 불렀다.

그리스도인이 된 최고의 황제는[데오도시우스/난외주] 자신과 자신의 백성이 풍요롭고 평화롭게 되도록 사랑을 품었던 왕이었다. 그러나 전쟁 대신 평화를 추구했다는 이유로 형편없는 사람으로[역사학자 조시무스에 의해] 평가받았고(그가 공격받았을 때 참으로 뛰어난 기사도 정신을 발휘했음에도 불구하고) 편안함과 안락함을 추구한다고 비난받았다.

간단히 말해서, 불필요한 법을 폐지하고 간소화시켜 어떤 질서나 방법을 만들어 낸 이전의 가장 학식 있는 황제에 대해(적어도 위대한 정치가로서 유스티아누스) 우리는 어떠한 감사가 있는가?

사람들은 그를 '법을 말소시키는 사람'이라고 불렀다. 법을 간소화시키라는 그의 요구로 인해 그는 가치 있는 모든 법전을 무력화시켰다는 오명을 받았다. 바로 이것이 이전 시대의 탁월한 통치자들이 받은 평가이다. 훌륭한 업적은 비난을 받는다.

시기심과 원망이 죽는다고 한들 그것들이 우리 조상들과 함께 묻히는 시대는 없었다. 결코 그렇게 되지 않는다. 그러므로 모세의 책망은 모든 시대에 유효하다.

"너희는 너희 조상들을 대신해서 일어난 자들이요 악한 사람들을 더욱 크게 만든 자들이로다"[민 32:14]

지혜자가 말했다. "이미 있던 것이 후에 다시 있겠고 이미 한 일을 후에 다시 할지라도 해 아래에는 새 것이 없나니"[전도서 1:9].

스데반도 말했다. "너희 조상들이 했던 일을 너희도 하는도다"[행 7:51].

3. 번역에 대한 갖은 비난에도 영어 번역본들의 연구를 위한 폐하의 불변하심

이 목적보다 더 중요한 것은 지금 통치하고 있는 폐하는(오래 오래 통치하시고 그의 자손들, 곧 폐하와 자녀들과 자녀들의 자녀들도 영원하기를 바라며) 하나님께서 주신 특별한 지혜와 탁월한 학식과 그분께서 얻은 경험에 따라 모든 것을 잘 알고 계시다는 것이다.

그렇지만 백성을 위해(특별히 신앙과 관련된 것이거나 하나님의 말씀을 밝히 열어주는 것이라면) 무언가를 시도하는 사람은 어디서나 악한 눈들이 바라보는 무대 위에 앉게 된다. 참으로 자신의 몸을 날카로운 가시에 던져 찔리게 하는 것과 같다.

왜냐하면 폐하가 사람들의 신앙 어느 한 부분이라도 관여하게 되면 그들의 관습, 심지어 그들의 사유재산에까지 관여하는 것이 되기 때문이다. 그럼에도 사람들은 자신의 것에 만족을 찾지 못하고 여전히 고침의 소리에 귀 기울이지 못한다. 그러나 왕의 고결한 마음은 이런 저런 의견에 꺾이거나 낙담하지 않고 어떤 사람이 말한 것처럼 움직이지 않는 석상이나 쉽게 마모되지 않는 대장간의 모루와 같이 의연하게 서있다. 폐하는 누가 자신을 군사로, 아니 대장으로 선택했는지 알고 계신다. 그리고 폐하는 하나님의 교회를 세우기 위해, 하나님의 영광을 위해 하나님께서 의도하신 대로 만들어가는 과정임을 확신하고 있다. 그러므로 폐하는 사람들의 어떤 말이나 행동으로 인해 그 사역이 꺾이도록 내버려두지 않을 것이다.

확실히 그것은 왕들에게 속한 일들이다. 참으로 그것은 왕들이 해야 하는 일들이다. 신앙을 보호하는 일, 그것은 왕들에게 속한 일이다. 그것을 올바르게 알며, 또 열정적으로 신앙을 고백하고 힘이 미치는 데까지 증진시키는 것은 확실히 왕들에게 속한 일이다.

이것은 선의를 가진 모든 나라 앞에 펼쳐진 폐하의 영광이다. 이 일은 주 예수 그리스도의 날에 최고의 영광을 가져다 줄 것이다. 성경에도 그것이 헛되지 않다고 했다.

"나를 존중하는 자를 내가 존중하리라"[삼상 2:30]

그러므로 유세비우스가 오래 전에 전한 말은 헛된 것이 아니었다. 하나님을 향한 신앙이 콘스탄틴 자신을 보호했고 원수들에게 복수하는 유일한 무기가 되었기 때문이다.

4. 거룩한 성경에 대한 찬사

그러나 지금 진리가 없는 경건은 무슨 의미가 있는가? 하나님의 말씀이 없는 진리는(생명을 구하는 진리) 무슨 소용이 있는가? 성경에 없는 하나님의 말씀이(우리가 확신할 수 있는) 있단 말인가? 우리는 성경을 살피도록 명령 받았다(요 5:39, 사 8:20). 참으로 그것들을 살피고 연구하도록 명령 받았다(행 17:11, 행 8:28, 29). 제자들은 성경에 서툰 것과 더디 믿는 것으로 책망 받았다(마 22:29, 눅 24:25). 성경은 우리를 구원에 이르도록 지혜롭게 만든다(딤후 3:15).

만일 우리가 무지하다면 성경이 우리를 가르칠 것이요 길을 잃으면 집으로 인도할 것이요 무질서하게 되면 우리를 바로잡을 것이다. 우리가 무거움에 허덕이면 위로할 것이고 둔하게 되면 재촉할 것이며 차갑게 되면 불꽃이 일어나게 할 것이다.

"톨레, 레게, 톨레, 레게". 성경을 읽고 성경을 읽으라(거기에 가르침이 있도다). 이것은 초자연적인 목소리로 어거스틴에게 했던 말이었다.

그래서 어거스틴이 말했던 것이다. "내 말을 믿으라. 성경 안에 있는 것은 무엇이든지 고귀하고 신성하다. 거기에는 참된 진리와 사람들의 마음을 소생하고 회복시키기에 가장 알맞은 가르침이 있다. 진정한 신앙이 요구하듯, 독실함과 경건한 마음으로 얻어내길 원한다면 성경은 참으로 온화하여 각 사람이 만족할 수 있는 것들을 길어 올릴 수 있을 것이다."

제롬도 말했다. "성경을 사랑하라. 그리하면 지혜가 너를 사랑할 것이다."

키릴은 율리안에 맞서며 말했다. "비록 아이일지라도 성경으로 양육받으면 가장 경건한 사람이 될 것이다."

그러나 우리가 말하는 것이 서너 구절의 성경을 말하는 것인가? 아니면 누구든지 믿고 실행하고 소망하는 것이 그 안에 담겨 있는 성경을 말하는 것인가? 아니면 그리스도 시대 이후로부터 지금까지 이름 있는 교부들의 서너 문장이 담긴 것을 말하는 것인가? 아니면 풍성할 뿐만 아니라 완전한 성경으로 기록된 것을 말하는 것인가?

터툴리안은 헤르모게네스에 반대하여 말했다. "나는 성경의 풍성함을 찬양하노라." 그리고 이단의 인장과 같은 아펠레스에게 말했다. "나는 성경에 없는 당신이 가지고 온(또는 결론 내린) 당신의 것(머리 또는 저장하고 있는 것)을 인정하지 않노라."

저스틴 마터도 그 앞에서 말했다.

"하나님으로부터 영감을 받아 우리를 가르치는 선지자들이 아닌 다른 사람들로부터 하나님에 대해, 혹은 바른 신앙에 대해 배우는 것은 적합하지 않다. 우리는 이것을 반드시 알아야만 한다."

터툴리안에 이어서 바질도 말했다.

"기록된 어떤 것을 거부하거나, 혹은 기록되지 않은 어떤 것을 용납하는 것은 믿음에서 타락한 것이요, 그릇된 생각이다."

우리는 예루살렘의 시릴의 네 번째 교리문답에 나오는 동일한 효력에 대한 인용은 생략했다. 헬비디우스를 반대하는 제롬과 페틸리안의 편지에 반대하는 어거스틴의 세 번째 책과 수많은 그의 다른 작품에서도 마찬가지로 생략했다. 후대 교부들까지 내려가는 것은 그만두도록 하자. 독자들을 지치게 하고 싶지 않기 때문이다.

이제 성경은 참으로 풍성하고 완전하다는 것이 인정되었다. 만일 우리가 성경을 연구하지 않거나 궁금해하지 않거나 만족하지 않는다면 어떻게 우리의 게으름을 변명할 수 있겠는가?

사람들이 '에이레시오네'(Eiresione)에 대해 많은 이야기를 한다. 얼마나 많은 달콤함과 좋은 것들이 거기에 있는가라고. 현자의 돌에 대해서도 이야기한다. 그것이 구리를 금으로 변화시킬 수 있다고. 모든 필요한 음식들이 담겨 있는 풍요의 뿔이며, 온갖 질병에 좋은 파나씨아의 약초이며, 모든 소독약을 대신하는 캐톨리컨의 약이며, 모든 타격과 찔림을 견뎌내는 불칸의 갑옷에 대해서도 이야기한다.

그렇지만 사람들은 육체의 유익을 위해 이런 것들에게 헛된 찬사를 돌리지만 우리는 마땅히 영적인 유익을 위해 모든 척도를 성경에게 돌려야 할 것이다.

성경은 갑옷만이 아니라 무기고의 모든 무기요 공격이며 방어이다. 그래서 성경을 통해 우리는 자신을 구하기도 하고 적들을 물리치기도 한다. 성경은 쓰러지는 풀이 아니라 튼튼한 나무이다. 아니 생명 나무들이 자라는 전체 낙원이요 날마다 열매를 맺고 그 열매는 양식을 위한 열매가 되고 치료를 위한 잎들이 된다.

성경은 단지 만나 항아리나 기름 항아리가 아니다. 성경은 오직 암기를 위한 것도 아니고 한두 끼니의 양식을 위해 있는 것도 아니다. 성경은 아무리 많은 군대라도 충분히 먹일 수 있는 하늘에서 내리는 양식이다. 성경은 우리의 모든 필요를 공급하고 우리의 빚진 것들을 탕감해 준다.

한 마디로 성경은 악한 전통에 반대되는 모든 양식의 창고요 독을 품은 이단을 방어하는 방부제 같은 의원의 진료실(바질이 그렇게 표현했다)이요 반역하는 영들에 대항하는 유익한 법전이요 하찮고 저급한 것에 반대되는 가장 값비싼 보물인 것이다. 참으로 성경은 영원한 생명에 이르는 가장 깨끗한 물이 솟아나는 샘인 것이다.

무엇이 경이로움인가? 성경의 원본은 땅이 아닌 하늘로부터 온 것이다. 성경의 저자는 사람이 아니라 하나님이시다. 성경을 기록하게 하신 분은 선지자나 사도들의 총명함이 아니라 성령이시다. 성경 기록자는 하나님의 영으로부터 핵심적인 역할을 부여 받아 태에서부터 구별된 사람들이다.

성경은 사실이요 진실이며 경건함이요 순수함이며 올곧음이요 골격이다. 성경은 하나님의 말씀이요 증언이며 메시지요 진리와 구원의 말씀이다. 그것은 효력이요 명철의 빛이며 설득을 위한 안전한 보루요 죽은 행실로부터의 회개이며 생명의 새로움이요 거룩함이며 평화요 거룩한 성령의 기쁨이다.

마지막으로, 성경을 연구하는 것에 보상과 결말은 성도들과의 교제요 하늘의 성품에 참여하는 것이며 결코 사라지지 않고 더럽혀지지 않은 불멸의 상속이 실현되는 것이다. 복 있는 사람은 그 성경을 기뻐하고 더 없이 행복한 사람은 그것을 밤낮으로 묵상하는 사람이다.

5. 번역의 필요성

그런데 사람들이 성경을 이해할 수 없다면 어떻게 묵상할 수 있겠는가?

알 수 없는 언어로 가려져 있다면 어떻게 그것을 이해할 수 있겠는가? 성경에 이렇게 기록되어 있다.

"내가 그 소리의 뜻을 알지 못하면 내가 말하는 자에게 야만인이 되고 말하는 자도 내게 야만인이 되리라"[고전 14:11]

사도는[사도 바울/역자주] 어떤 언어도 예외로 두지 않았다. 고대 히브리어도, 가장 광범위한 헬라어도, 가장 섬세했던 라틴어도 예외로 두지 않았다. 본성이 사람들에게 고백하게 하듯이, 자신이 이해하지 못하는 언어를 듣는 우리 모두는 귀머거리들이 분명하다. 우리의 막힌 귀 때문에 그러한 언어들을 듣지 않으려 할 것이다.

스키타이 사람들은 자신의 언어를 이해하지 못하는 아테네 사람들을 야만인으로 여겼다. 마찬가지로 로마인들은 시리아인들과 유대인들을 그렇게 대했다(심지어 제롬 자신도 히브리어를 야만적이라고 했다. 아마도 많은 사람들에게 생소했기 때문일 것이다). 콘스탄티노플의 황제도 라틴어를 야만인의 언어라고 불렀다. 이것으로 니콜라스 교황이 황제에게 크게 분노하였지만 말이다.

그래서 예수님 이전부터 유대인들은 모든 나라와 민족의 언어를 로그나짐(lognazim/무가치)으로 불렀는데 야만스럽다는 표현보다 조금 나은 것이다. 그러므로 로마 원로원에서는 어떤 사람이 문제 제기를 할 때 여기저기에서 통역사를 요청하였다. 이처럼 교회도 그런 위급한 상황에 내몰리지 않도록 번역을 준비할 필요가 생긴 것이다.

번역, 그것은 빛을 들여오기 위해 창문을 여는 것이며 알맹이를 먹기 위해 껍질을 깨는 것이다. 지성소를 보기 위해 휘장을 열어젖히는 것이며 우물을 길어 오기 위해 우물 뚜껑을 여는 것이다. 마치 라반의 양떼들에게 물을 주기 위해 우물 입구에서 돌을 굴려내는 것과 같다[창 29:10].

참으로 모국어로 된 번역 성경이 없다면 배우지 못한 사람들은 두레박이나 물 긷는 통 없이 야곱의 깊은 우물가에 서 있는 어린아이와 같을 것이다[요 4:11].

이사야가 말한 어떤 사람에게 한 권의 봉인된 책을 줄 때와 마찬가지가 된다. "그대에게 청하노니, 이것을 읽으라" 했을 때 그는 난감했다.

"나는 읽을 수 없노라. 그것이 봉인되어졌기 때문이라"[사 29:11]

6. 히브리어에서 헬라어로 번역된 구약성경

하나님이 오직 야곱에게 알려지셨고 하나님의 이름이 다른 곳이 아닌 오직 이스라엘에서만 위대하게 되셨을 동안에는 히브리어 하나만으로도 충분했다. 기드온의 양털에만 이슬이 내리고 온 땅이 말라 있었던 때에는 유대인들 모두가 사용했던 언어, 즉 가나안의 언어인 히브리어만으로도 모자람이 없었다.

그러나 때가 충만하게 이르자 의로운 태양이신 하나님의 아들이 세상에 오셔야 했으며 하나님께서는 그분의 피를 믿어 구원을 얻도록 그 아들을 화목제물로 삼으셨다. 이제 유대인만 아니라 헬라인과 온 세상에 흩어졌던 모든 자들을 위한 화목제물이 되신 것이다.

그런데 보라, 주께서 헬라의 통치자 곧 이집트의 왕 프톨레미 필라델프의(헬라어를 쓰는 헬라 자손) 마음을 움직이는 것을 기뻐하사 히브리어로 된 하나님의 책을 헬라어로 번역하도록 하셨다. 이것이 바로 70명의 번역자들을 통해 번역된 성경이다. 마치 침례 요한이 유대인들 가운데서 목소리를 통해 예비했던 것처럼 '70인역'은 기록된[번역된] 말씀을 통해 이방인들 가운데서 우리의 구주를 위한 길들이 예비되게 한 것이다.

헬라 사람들의 지식에 대한 열망 때문에 왕들의 도서관에 가치 있는 책들을 갖추는데 별 어려움이 생기지 않았다. 뿐만 아니라 그들의 많은 신하들로 하여금 필사자들을 준비시켜 그것들을 필사하게 하였고 흩어져서 그것들을 대중화 되게 했다. 다시 헬라어는 아시아 맨 끝에 있는 거주민들에게까지 알려지게 되었고 친숙하게 되었다. 이는 헬라인들이 정복하여 식민지로 삼은 곳에 거주민들을 보냈기 때문이었다.
이와 같은 이유로 헬라어는 유럽의 많은 지역에서도 잘 이해할 수 있었고 아프리카에서도 마찬가지가 되었다.

그리하여 헬라어로 번역된 하나님의 말씀[70인역]이 촛불처럼 촛대 위에 세워지게 된 것이다. 그것은 집에 있는 모든 이에게 빛을 주었고 시장에서 외치는 자의 소리처럼 퍼져 나갔다. 그 언어는 당시에 대부분의 사람들이 알고 있는 언어였다. 그러므로 그 언어는 성경을 담아내기에 가장 알맞은 언어였으며 또한 맨 처음 복음 선포자들의 증언을 위해 호소할 수 있는 언어였고 초심자들 역시 연구하고 시행할 수 있는 언어였다.

그런데 분명한 것은 그 번역본[70인역]이 그리 옳지도 완전하지도 않았다는 점이다. 오히려 많은 곳에서 교정할 필요가 있었다. 그렇다면, [만일 그 일을 한다면] 사도나 사도적인 인물처럼 누가 그 일을 하기에 충분한 사람이었겠는가?

그럼에도 새로운 세상과 초대 교회 시대에 새로운 것을 만들어 많은 이의제기와 비난에 노출시키기보다는 그들이 발견한 것을 취하는 것이 성령과 사도들에게는 좋아 보였던 것 같다(대부분 옳고 충분했기 때문이다).

완전히 새로운 번역본을 만들어 자신들의 목적을 위해 사용하게 되면 새로운 세상과 초대 교회 시대에 많은 이의와 논란을 일으킬 수 있기 때문이다. 그래서 차라리 스스로를 증명하기 보다는 그들이 찾아낸 것을 사용함으로써 신뢰할 만한 증언을 제공하였던 것이다.

이것이 바로 70인역이며 현재까지 전수되도록 허락되었는지 추측할 수 있는 이유이다. 물론 그것이 전반적으로 찬사를 받았을지라도 여전히 학식 있는 사람들에게는 만족스럽지 못했으며 유대인들 가운데 학식 있는 사람들에게는 더욱더 아니었다. 왜냐하면 그리스도 시대가 얼마 지나지 않아 아퀼라가 새로운 번역에 매달렸고 이후 데오도티온이 그랬으며 그 이후 심마쿠스도 그랬기 때문이다. 저자가 알려지지 않은 번역만도 대여섯 판이나 된다.

오리겐은 이 70인역이 포함된 헥사플라(Hexapla)를 만들어 내었는데 그것은 훌륭했고 위대한 목적을 가지고 편찬했다. 비록 70인역의 평판은 사라졌지만 오리겐을 통하여(에피파니우스가 수집했을 때 무엇보다도 뛰어난 가치가 있었다) 그 중심에 있었을 뿐만 아니라 헬라 교부들에 의해 사용되기도 했는데 그것은 자신들의 주석의 근거와 기초가 되었다.

위에서 언급한 에피파니우스는 참으로 이것에 관해 많은 부분에서 공헌하였다. 그는 번역본들의 저자들뿐만 아니라 어떤 부분에서는 예언서들의 저자들도 파악했다. 그리고 유스티니아누스 황제는 자신의 유대인 신하들에게 특별히 70인역을 사용하도록 명하였는데, 그렇게 했던 이유는, 유대인들이 일종의 선지자적인 은혜로 깨우침을 받았기 때문일 것으로 생각했기 때문이다.

그러나 이 모든 것에도 불구하고, 선지자가 애굽인들을 향해 그들은 하나님이 아니라 사람이며 애굽의 군마들은 고깃덩어리요 영(靈)이 아니라고 말했듯이[사 31:3], 분명한 것은(제롬도 단언했듯이) 70인역을 번역한 70명은 번역자들이지 선지자들이 아니다. 다만 그들은 학식 있는 사람으로서 많은 일들을 훌륭하게 수행했을 뿐이다.

그들도 여느 사람들처럼 서투르고 실수를 범했다. 어떤 이들은 간과했고 또 어떤 이들은 무지했다. 가끔씩 그들은 원어에서 더하기도 했고 또 어떤 곳은 빼기도 했다. 그럼에도 사도들은 70인역을 여러 시대에 걸쳐 남겨지게 했다. 성령께서 사도들에게 말씀을 주셨을 때 그들이 히브리어를 벗어나 말씀의 진리에 따라 그것의[헬라어] 의미가 전달되도록 하기 위해서이다. 이것으로 구약 성경의 헬라어 역본[70인역]에 관한 것은 충분히 언급되

없을 것이다.

7. 히브리어와 헬라어에서 라틴어로 번역

그리스도 이후 몇 세기가 지나지 않아 라틴어로 번역된 성경이 많이 나오게 되었다. 라틴어 역시 율법과 복음을 전하는데 매우 적합한 언어였다. 당시 서방의 많은 나라들과 남방과 동방과 북방도 역시 라틴어를 말하고 이해했는데 그곳은 로마의 속국이었기 때문이다. 그런데 지금은 라틴 성경들이 셀 수도 없을 정도로 많으므로 그 모든 성경들의 건전성을 보장하기는 어렵다.(어거스틴이 했던 말이다).

다시 말하지만 라틴 번역본들은(라틴역본의 구약 성경) 히브리어 근원(원어)에서 흘러나온 것이 아니라 헬라어의 물줄기에서 나온 것이다. 그러므로 헬라 역본 모두 확실한 것이 아니기 때문에 거기에서 흘러나온 라틴 역도 혼탁할 수밖에 없었다.

이것이 학식에 뛰어난 교부 제롬을 움직이게 했다. 그는 당대에 논란의 여지가 없는 최고의 언어학자이며 구약 성경, 바로 그 근원으로부터 번역하는 일에 아무도 그 앞에 견줄 사람이 없었다. 제롬은 위대한 배움의 증거로, 판단과 근면과 충실함으로 그 일을 수행하였다. 특별한 은혜와 감사의 빚진 자로서 그는 교회를 영원토록 자신에게 묶어 놓았던 것이다.

8. 통속어(모국어)로 성경 번역

　로마 제국에서 그리스도에 대한 믿음이 보편적으로 수용되기 전에 교회는 이와 같이 헬라어와 라틴어의 역본을 갖추게 되었다(심지어 제롬의 때에도, 로마의 집정관과 그의 아내 뿐 아니라 당시 원로원의 최고위층도 외국인이었다는 것을 지식인들은 알고 있었다). [로마 제국 안에도 수많은 외국인들이 있었기에 번역이 필요할 수밖에 없다는 의미이다/역자주]

　그럼에도 경건하고 학식이 있는 모든 사람은 성경을 자신들만이 이해할 수 있는 언어, 즉 헬라어와 라틴어로 가지고 있는 것에 만족하지 않았다(선한 나병환자들이 자신들만 잘 먹는 것으로 만족하지 않고 하나님께서 주신 곡물창고를 이웃들에게 알려 주었던 것처럼[왕하 7:9], 그들은 스스로에게 말씀을 공급할 뿐 아니라) 자신을 포함해서 구원받아야 할 의(義)에 주리고 목마르며 배우지 못한 자들의 유익과 덕을 세우기 위하여 자기 동포들에게 통속어로 된 번역 성경을 제공하였다.

　그 번역은 하늘 아래 모든 민족들의 대화처럼 통속어(모국어)로 된 번역이었다. 그것은 오직 그들의 사제가 말하는 목소리나 번역된 책에 의해서가 아니라 그리스도께서 말씀하신 것을 자신의 모국어로 말하는 것처럼 들을 수 있는 것이었다.

　이것에 의문을 품는 사람들은 누구든지 충분한 사례를 통해 해소될 수 있을 것이다.

　무엇보다도 제롬은 말하기를, "많은 나라의 언어로 이전에 번역된 성경은 루치아이 또는 헤시키우스에 의해 첨가한 것들이 잘못되었음을 보여준다"고 했다. 제롬이 이렇게 말했던 것이다.

바로 그 제롬이 어디에선가 확언하기를 자신의 민족인 달마티아 사람들을 위해 70인역의 번역을 착수할 때가 되었다고 주장했다. 그 말은 에라스무스도 제롬이 70인역을 달마티아어(라틴어)로 번역했다는 뜻으로 이해했을 뿐만 아니라 식수투스 세렌시스와 로마 사람과 이해관계가 없는 알폰소 데 캐스트로(Alfonso de Castro)를 따르는 사람들도 거의 같은 고백을 하였다.

제롬 시대에 살았던 크리소스톰도 이와 같이 증언했다.

"요한의 가르침은(그가 말한) 그런 부류처럼(철학자들이 했던 것처럼) 사라지지 않았다. 오히려 시리아인들, 이집트인들, 인도인들, 페르시아인들, 에티오피아인들, 그리고 야만족의 수많은 다른 나라들이 자신들의 모국어로 번역하였고 (진정한) 철학자가 되는 법을 배웠다". 곧 그리스도인을 의미한다.

고대사와 학문에 있어서 크리소스톰에 버금가는 데오도렛의 말을 부연할 수 있다. 그의 말은 이렇다.

"태양 아래 모든 나라들은 이러한 언어들로 (사도들과 선지자들의 언어) 가득했다. 그리고 히브리어(히브리어로 기록된 성경을 의미 한다)는 헬라어로 번역되었을 뿐만 아니라 로마어, 이집트어, 페르시아어, 인도어, 아르메니아어, 스키타이어, 사르마티아어로도 번역되었다. 간단히 말해 모든 나라에서 사용하는 언어로 번역되었다."

그가 말했던 것처럼, 바울루스 디아코누스와 이시도르(그들 이전에 소조멘에 의하면)에 의하면 울필라스는 성경을 고트어로 번역했다고 전해진다.

바세우스에 의하면 세빌의 주교였던 존은 주후 약 717년경에 아랍어로 번역했다고 한다.

시토 수도회에 의하면 비드는 성경의 상당 부분을 색슨어로 번역했다고 했다. 트리테미우스에 의하면 800년경 에프나드는 프랑스어로 시편을 요약했다고 했다. 비드가 히브리어를 번역했던 것처럼.

시토 수도회의 말에 의하면, 알프레드 왕은 시편을 색슨어로 번역하도록 했고, 아벤티누스에 의하면(독일 남부 잉골슈타트에서 인쇄) 메토디우스는 성경을 슬라보니아어로 번역했다고 했다. 비투스 르나누스에 의하면 프리지아의 주교 발도는 그 당시 복음서를 네덜란드 운율로 번역하도록 했다. 그것은 아직도 코르비니안 도서관에 현존하고 있다.

몇몇 사람들에 의하면, 1160년경 발두스[왈도파의 발도]는 그것들을 자신이 직접 번역했거나 프랑스어로 번역한 것을 가지고 있었다고 했다.

현자(賢者)라 칭함을 받는 샤를 5세는 왈도파 시대로부터 약 200년 후에 성경을 프랑스어로 번역하게 하였는데 베로알두스가 증언한 것처럼 번역의 많은 복사본들이 아직까지 현존하고 있다.

그 당시 곧 우리의 왕 리차드 2세 시대에, 존 트레비자는 성경을 영어로 번역했는데 손으로 기록된 많은 영어 성경들이 아직까지 여러 경로를 통해 보여지고 있다. 당시로는 매우 그럴듯한 번역이었다.

그래서 신약의 시리아 역본은 대부분 학식 있는 사람들의 서재에 있게 되었는데 그것은 위드만스타디우스(비드만슈테터)에 의해 출간된 것이었다. 아랍어 시편이 많이 있게 된 것은 아우구스티누스 네비엔시스가 출간했기 때문이다.

또한 포스텔은 여행 중에 에디오피아어로 된 복음서를 보았다고 했고, 암브로스 데시우스는 인도어로 된 시편을 보았다고 했는데 그가 진술한 이러한 것들은 시리아 글자로 된 성경을 수집했던 포켄에 의해 출간된 것이다.

그리하여 모국어로 성경을 소유하게 된 것은 근래에 생겨난 새로운 생각이 아니고 영국 크롬웰 경에 의한 것도 아니며 또한 폴로니의 래드빌 경에 의한 것도 아니다. 황제의 영토 안에 있는 엉그나디우스 경에 의한 것도 물론 아니었다. 어떤 민족이든지 처음 회심할 때부터 존재했고 옛 관행 속에 품고 있었던 생각이었다.

의심의 여지없이 그것은 많은 유익을 가져다 주는 것으로 생각되었기에 사람들의 마음속에 빠르게 그 믿음이 자라가도록 했다. 그리하여 그것은 사람들에게 시편의 말씀처럼, "우리가 들었고 우리가 보았다"[시 48:8]라고 말하는 것이 가능하게 만들었다. [다양한 언어로 번역이 되어야만 그렇게 고백하는 것이 가능하다는 의미이다]

9. 우리의 가장 큰 대적들이 싫어하는 것은 성경이 모국어로 출간되는 것이다

로마 교회는 마침내 어머니의 사랑을 자녀에게 쏟아붓듯이 사람들에게 모국어로 된 성경을 허용하는 것처럼 보였다. 물론 이것은 선물이었지만 선물이라고 부를 만한 가치가 없으며 유익이 전혀 없는 선물이었다.

사람들이 모국어 성경을 사용하기 전에 먼저 서면으로 허가를 얻어야만 했기 때문이었다. 그것을 얻기 위해 사람들은 고해신부에게 자신들을 입증해야만 했으며 자신들이 찌꺼기 안에 얼어붙어 있지 않은 지, 미신의 누룩으로 상한 상태인지 점검 받아야만 했다.

그럼에도 불구하고, 모국어 성경을 소유함에 있어서 어떤 승인을 하는 것에 대해 클레멘트 8세로는 지나친 일처럼 보였던 것 같다. 그리하여 그는 비오 4세의 승인을 뒤엎고 무효화시켰다. 그들은 성경의 빛을 매우 두려워했기 때문이다(터툴리안이 말한 것처럼). 그러므로 자신들이 임명한 사람들에 의해 출간된 것이 아니거나 또한 자신들의 주교나 심사관들의 승인이 없다면 그들은 성경을 가진 사람들을 신뢰하지 않을 것이다.

참으로 그들은 어떤 방식으로든지 사람들에게 이해할 만한 성경이 전해지는 것을 꺼려하였다. 그들은 부끄러움도 없이, "저들이 우리로 하여금 성경을 영어로 번역하도록 강요했다. 그렇지만 그것은 우리의 뜻이 아니었다"고 고백했다. 이것은 사악한 변명이거나 혹은 악한 양심일 것이다. 아니면 둘 다 일 것이다.

분명한 것은, 시금석 가져오는 것을 두려워하는 사람은 좋은 황금을 소유하지 못한 사람이거나 가짜를 가지고 있는 사람이다. 빛을 피하는 사람은 진실된 사람이 아니라 악한 사람이며 자신의 행위가 책망 받을까 염려하는 사람이다[요 3:20].

그는 정직한 상인이 아니어서 무게를 재는 것을 싫어하거나 측량 도구를 가져와 속여서 재는 사람일 것이다. 그러나 그러한 잘못은 그들이 홀로 감당하게 하고 우리는 번역본으로 돌아갈 것이다.

10. 이 일(번역)에 반대하는 우리 형제들과 반대파들, 그리고 양쪽 모두를 향한 발언과 근거

오랜 시간 동안 손에 끌어온 번역본에 대해서 많은 말들이 있었다(지금도 멈춘 것이 아니다). 어쩌면 이미 만들어진 번역본들에 대한 점검이라고 할 수도 있겠다. 이제 사람들은 그것을 번역한 이유가 무엇이며, 그것을 수용해야 할 필요가 무엇인지 묻고 있다.

사람들은 묻는다. 그렇다면 교회가 이렇게 오랫동안 속아 왔단 말인가? 달콤한 빵에다 누룩을 섞고 은에다 찌꺼기를 섞으며 포도주에 물을 섞고 우유에다 석회를 섞어 왔단 말인가?(이레네우스가 했던 말이다)

우리는 우리가 올바른 길 안에 있어 왔음에 소망을 품었다. 비록 온 세상이 그것 때문에 실족하고 불평했을지라도 우리는 하나님의 말씀이 우리에게 전달되었고 우리는 불평할 이유가 전혀 없다고 생각해왔다. 그런데 유모가 가슴을 내밀었는데 그 안에 젖이 없었던 것인가? 교회의 교부들을 통해 양식을 건네 주었는데 세네카가 말한 것처럼, 그것들이 바로 라피도수스(자갈만 가득한)로 드러났단 말인가?

그렇지 않다면 하나님의 말씀을 속임수로 다루는 사람들이 과연 누구란 말인가? 일부 형제들이 이같이 말했다. 우리가 들었듯이 유대와 예루살렘의 대적들은 느헤미야에 나오는 산발랏처럼 그 일과 일하는 사람들을 조롱하면서 말했다.

　　"이 미약한 유대인들이 무엇을 하느냐? 타버린 잿더미 속에서 돌들을 다시 세우려는가? 그들이 다시 쌓을지라도 여우가 올라가면 그 돌로 쌓은 성벽들이 허물어지리라"[느 4:3].

　　전에 그들의 번역본이 좋았는데 왜 지금 그것을 수정하고 있느냐? 그게 좋지 않았더냐? 그렇다면 그때 왜 백성들에게 그것을 권했겠느냐? 카톨릭이(교황주의 로마인들) 그 말을 거절해서 항상 위험했다는 것이냐? 그렇지 않다. 만일 그것이 영어로 번역되어야 한다면 카톨릭이 그 일을 하기에 가장 적합한 사람들이다.

　　그들은 지식이 있고, 제대로 되는 때를 잘 알고 있다. 그들은 성경 위에 손을 얹을 수 있다.[영국이 아니라 오히려 로마 카톨릭이 성경을 번역하는 데 적임자라는 의미이다/역자주] 그렇다면 우리는 양편(형제들과 대적자들) 모두에게 간단히 대답할 수 있다. 먼저는 형제들이다. 제롬의 말로 대신하겠다.

　　"우리가 옛 것을[이전 역본] 비난하고 있는가? 전혀 아니다. 그러나 우리 앞에 있는 그들의 수고 이후에 우리는 하나님의 집에서 할 수 있는 최고의 노력을 하고 있는 것이다"

그가 말했듯이, "나의 이전 시대에 살았던 학식 있는 사람들에게 자극되어 나는 언어에 관해 나의 지식이 얼마만이라도 하나님의 교회에 유익이되는지 가려내는 것이 내 임무라고 생각해 왔다. 나는 그것들에 대한[번역]내 수고가 헛될까 염려되고 또 그 안에 있는 것들[번역]을 넘어 사람들에게영광을 얻으려는 것으로 여겨지지 않을까(비록 과거 일이지만) 염려가된다." 제롬은 이 말을 하기 위해 심사숙고했을 것이다.

11. 우리 형제들에게 주는 만족

같은 취지로 말하지만 이 나라에서든지, 바다 건너에서든지, 헨리 왕시대든지, 에드워드 왕의 시대든지(그 당시 어떤 번역 성경이나 번역 성경의 교정이 있었다면) 아니면 가장 유명한 엘리자베스 여왕 때든지, 우리는우리 앞서 이와 같은 일을 하는데 열심을 다한 그들의 수고를 조금도 비난하지 않는다. 하나님께서 자신의 교회를 세우고 공급하기 위해 그들을세우셨다면 우리는 그들이 영원한 기억 속에서 우리와 우리 후손이 품어마땅한 사람이라는 것을 인정한다.

아리스토텔레스의 판단은 잘 알려져 있고 가치가 있다.
"만일 디모데우스가 없었다면 우리는 감미로운 음악을 얻지 못했을 것이다. 만약 플리니스(디모데우스의 스승)가 없었다면 우리는 디모데우스를얻지 못했을 것이다."
그러므로 그들에게 복이 있으며 그들의 이름이 드높여 지리라[이전의 번역본에 대한 평가이다/역자주]. 그들은 시작을 위해, 영혼들을 건지기 위해 한발 더 다가서는데 도움을 주는 첫걸음을 뗀 것이다. 그렇다면 이제 사람들이 이해할 수 있는 언어로 하나님의 백성들에게 하나님의 책을 전하는 일보다 더 값진 일이 무엇이겠는가?

보물이 감춰져 있고 샘이 닫혀 있다면 아무 유익이 없다. 프톨레미 필라델프가 랍비들과 유대인 선생들에게 썼던 것처럼, 에피파니우스가 증언했던 것처럼, 어거스틴도 다음과 같이 말했다.

"언어가 통하지 않은 사람과 같이 있는 것보다 차라리 자신의 개와 함께 있는 것이 더 낫다."

그러나 이 모든 것에도 불구하고 시작과 함께 동시에 완벽하게 되는 것은 없다. 그러므로 나중 생각이 더 현명해지는 법이다. 그러므로 우리가 앞서 세웠던 그들의 기초 위에 건물을 세운다면, 그들의 수고가 도움이 되는 것이며, 그들이 남긴 것을 더욱 더 좋게 만들기 위해 수고하는 것이 된다. 그러므로 어떤 사람도 우리를 싫어할 이유가 없다고 확신한다. 만일 그들이 살아 있다면 그들도 우리에게 감사하게 될 것이다.

아비에셀의 포도(수확)는 침략자를 쓰러뜨린 것에 비유된다. 그렇다고 해서 에브라임의 포도 줄기가 무시되지 않았다(사사기 8장 2절 참조). 이스라엘의 요아스 왕은 자신이 만족할 때까지 땅을 세 번 쳤지만 선지자를 실망시키고 말았다. 그것보다 더 쳤어야 했기 때문이다[왕하 13:18-19]. 우리가 전에 언급했던 아퀼라는 성경을 자신이 할 수 있는 대로 노련하고 주의 깊게 번역했다. 그런데도 그는 반복해서 살펴보는 것이 좋다고 생각했다. 그리하여 그 번역본은 유대인들에게 신뢰를 얻었다. 제롬이 증언했듯이, 완전한 방식에 따른다고 말할 정도로 정확하게 완성된 것이다.

세상 학문의 책들도 얼마나 많이 번역자 본인과 다른 사람들에 의해서 반복적으로 검토되었는가? 그 중에 하나가 바로 아리스토텔레스의 윤리학이다. 최소한 여섯이나 일곱 종류의 번역서들이 아직까지 현존하고 있다.

지금 만일 그 혜택을 조롱박이 받게 된다면 조롱박은 우리에게 작은 그늘만 제공하고 오늘 번성하다가 내일이면 베이게 될 것이다. 그 혜택을 우리가 줄 수 있다면 우리는 덩굴에게 줄 것이 아니라 그 열매가 사람의 양심에 기쁨을 만들고 그 줄기 안에 영원토록 거하게 해야 하지 않겠는가? 이것이 바로 하나님의 말씀이며 그 말씀을 우리가 번역하는 것이다.

"주가 말하노니, 어찌 쭉정이가 알곡과 같겠느냐?"[렘 23:28]

유리의 가치가 어떻게 진짜 진주와 같겠는가(터툴리안이 말했다). 유리 장난감이 아무리 가치가 있다고 한들 어떻게 그것을 진짜 진주의 가치에 비하겠는가? 그러므로 어떤 사람의 눈도 악하게 만들지 말아야 한다. 폐하의 눈은 선하시기 때문이다. 또한 우리에게 통치자가 계시므로 누구도 슬퍼하지 말아야 한다. 그분은 이스라엘의 영적 풍요로움을 추구하시는 분이다(산발랏과 도비야 같은 사람들이 그렇게 된 것처럼, 그들도 자기 정당성이 책망 받는 것을 감당해야 한다). 그러나 우리는 그분 안에 이런 신앙적인 보살핌의 역사로 성숙하고 세심하며 검증된 번역 성경을 얻기 위해서 우리 마음의 중심으로부터 하나님께 복을 빌자.

이러한 일들을 통해서, 무엇이든지 이미 온전한 것은(내용에 있어서 모두 건전하며, 우리의 판본 중에 어느 것이든지, 최악의 것들이라도 그들[로마 카톨릭]의 인증된 역본보다 훨씬 낫다) 문질러서 윤이 나는 황금처럼 더욱 빛날 것이다.

또한 앞뒤가 맞지 않는 것이 있거나, 불필요한 부분이 있거나, 원어에서 너무 동떨어져 있다면 그것은 교정되도록 해야 하며 진리가 그 안에 세워지게 해야 한다. [이전 역본들을 부지런히 비교하고 수정하여 번역했다는 의미이다/역자주]

그런데 이것보다 귀한 참 존귀를 가져다 주는 것은 무엇이며, 어떻게 왕이 그 일이 완성되도록 명령한 것인가? 그들은 그곳에서 일을 착수할 수 있었으며, 자신들의 의무를 왕에게 입증하고, 참으로 하나님께 복종하고, 봉사로 섬기는 것보다 더욱더 그들의 성도들을 사랑할 수 있었다. 그런데 이 사역들이 갖춰지도록 그들 안에 있었던 것은 무엇인가? 이 모든 것들 외에도 핵심적인 동기는 바로 그들이었으므로 갈등이 일어나지 않도록 해야만 했다.

바로 그 역사적인 진실은[번역의 동기] 폐하께서 이 왕좌로 오셨을 때 청교도들의 끈질긴 탄원에 있었다. 햄프턴 코트에 있었던 청문회가 그들의 청원들을 듣는 것으로 예정되어 있었다.[1604년 1월에 일어난 일이다/역자주]

그들은 다른 모든 근거로부터 강력한 타당성을 제기했다. 그리고 그들은 최후의 순간이 되자 선한 양심으로 [카톨릭] 공동기도문에 동의할 수 없다고 했는데 그것은 마치 번역된 성경처럼 줄곧 유지되었기 때문이었다. 그들이 말했던 것처럼 그것은 대부분이 훼손된 번역이었다.

그런데 이들의 청원이 아주 형편없고 무의미한 비난으로 평가되었을지라도 폐하께서는 거기에서부터 좋은 생각을 시작하여 새로운 번역본이 나올 수 있는 계기가 되도록 하셨다. 폐하께서는 현재 이후로 지금 우리에게 있는 이 번역본을 명령하셨다. 그리하여 우리의 신중한 형제들을 충족시키는데 크게 기여했다.

12. 반대파들의 비방에 대한 우리의 대답

이들을 향한 우리의 대답은, 우리가 피하지 않고 오히려 단언하고 공언한다. 영어로 된 가장 미천한 성경 번역은 우리가 이미 공언했던 사람들에 의해 발행된 것이며(우리가 그들의 성경 전체를 보지 못했다 할지라도), 그것은 하나님의 말씀을 담고 있으며, 아니 하나님의 말씀이라고 단언하고 공언하는 바이다.

왕께서 연설할 때, 의회에서 프랑스어, 네델란드어, 이태리어, 그리고 라틴어로 번역되었던 왕의 연설은, 비록 모든 부분에서 구절이 꼭 맞거나 의미가 아주 정확하게 번역되지는 않았을지라도, 여전히 동일한 품위를 가진 왕의 연설이다.

이렇게 공언한 것은 소소한 것들은 더 큰 부분의 일부가 되기 때문이다.

자연인들은 말할 것이다. "덕스러운 사람이라도 그의 인생 가운데 넘어지게 하는 일들이 많을 수 있다."(그렇지 않다면 어디에도 덕 있는 완전한 사람은 없을 것이다. 많은 일 가운데 우리도 모두 실수하기 때문이다) [야고보서 3:2]. 또한 말쑥하고 사랑스런 사람일지라도 그 손에 사마귀가 있을 수 있으며 그의 얼굴에 주근깨나 상처가 있을 수도 있다.

그러므로 어떤 결함이나 결점이 발행되는 과정에서 드러난다 할지라도 번역된 말씀이 [하나님의] 말씀이 아니라고 할 이유도 없고 또는 통용되는 것을 막을 이유도 없다.

해 아래 완전한 사람이라도, 하나님의 영의 특별함을 부여받은 사도들이나 사도적인 사람들이라도, 무오류성의 특권을 부여받은 사람이라도 손으로 하지 않은 사람이 있었는가?

그럼에도 그런 구실로 로마 사람들은 듣는 것을 거절하였고 대담하게도 번역된 말씀을 불태웠던 것이다. 그것은 처음부터 일을 진행하셨던 은혜의 영을 멸시하는 것과 마찬가지이다. 그것은 그분의 감각과 그 의미, 할 수 있는 대로 사람의 연약함까지도 표현된 것이었다. 한두 개의 사례만으로도 판단이 가능하다.[세상에 완전한 번역본은 없다는 의미이다/역자주]

플루타르크는 기록하기를, 로마가 골(갈리아)에 의해 잿더미가 된 이후 사람들은 로마를 서둘러 다시 세우기 시작했다. 그러나 예전에 보기 좋고 편리했던 도로들을 내지도 않았고 집들을 볼품 있게 꾸미지도 않았다. 그렇다고 로마를 불태우려고 했던 카틸리나가 정직한 사람이거나 훌륭한 애국자인가? 아니면 진짜 불을 지른 네로가 선한 통치자인가?

에스라서에 의하면, 학개의 대언을 통해 사람들이 모이게 되었고,

바벨론에서 돌아온 이후 스룹바벨을 통해 성전이 세워졌다. 그러나 그것은 결코 이전 솔로몬을 통해 세운 성전에 비할 수 없었다(그들은 예전 것을 기억했으며 후에 세워진 것을 살펴보고 울었다)[에스라 3:12].

그럼에도 불구하고, 유대인들이 이 나중 것을 혐오하여 버렸는가? 아니면 헬라인들에 의해 더럽혀졌는가?

번역본에 대한 우리의 생각도 그와 같다. 많은 부분에서 70인역은 원어와 일치하지 않으며 명료함이나, 장중함이나, 위엄에 있어서 원어 근처에도 갈 수 없다. 그렇다고 해서 어떤 사도가 그것을 책망하였는가? 아니다. 오히려 그들은 그것을 사용했다(제롬과 대부분의 학식 있는 사람들이 공언했을 만큼 분명하다).

만일 그것이 하나님의 말씀의 이름과 직함에 가치가 없는 것이었더라면 그것을 사용하지 않았을 것이고 그들에 의해 용례가 되지도 않았을 것이다. 그러나 너무 은혜로워 교회에 추천까지 했다.

반면에 로마[로마 카톨릭]는 영어 성경들의 남용과 비방을 핑계로 자신들의 두 번째 변명을 역설하고 있다.

또는 그들과 부딪히는 어떤 부분들 때문에, 번역자들이 이단이라는 이유 때문이라고 한다(그들이 우리를 이단으로 부르는 권한으로 스스로를 카톨릭이라고 부르지만 둘 다 잘못된 것이다). 어떤 신성한 사람들이 그들에게 그렇게 가르쳤는지 놀라울 따름이다.

우리가 확신할 수 있듯이, 터툴리안의 생각은 달랐다.

"우리가 외모로 사람의 믿음을 판단하는가?"

우리는 그들의 믿음을 통해 그들의 외모를 판단해야 한다.

어거스틴도 생각이 달랐다. 그는 말씀을 더 잘 이해하기 위해서 도나투스파의 티코니우스가 만든 어떤 규칙들을 조명했다. 어거스틴은 그것들을 사용하는 것을 부끄러워하지 않았다. 어거스틴의 크리스천 교리 제3집에 나타날 정도로, 그것들이 추천 받을 가치가 있을 정도인데, 어거스틴은 자기 자신의 책에 게재하여 그것들을 칭찬하였다.

간단히 말해서, 오리겐과 모든 하나님의 교회는 수백 년 동안 그들의 생각과[로마 카톨릭] 달랐다. 왜냐하면 그들은 번역본을 발로 밟지도 않았다(불로 태운 것은 더더욱 아니었다).

그들은 유대인으로 전향하여 유대교 신자가 된 아퀼라의 번역본도, 심마쿠스와 데오도션의 역본도, 이들은 둘 다 가장 사악한 에비온파지만, 히브리 원어와 함께 같이 내놓았다. 그리고 70인역도(에피파니우스로부터 승인되기 전에도 존재했던 것처럼) 공개적으로 심의되고 모두 읽을 수 있게 하였다.

그러나 우리는 배우지 못한 사람들, 그리고 너무 많이 알 필요가 없는 사람들, 그리고 이미 잘 알고 있는 사람들을 피곤하게 하고 지치게 하고 있는 것 같다.

마치기 전에, 우리는 우리를 향한 그들의 반대와 세 번째 트집에 대해 말하고자 한다. 너무나 자주 있는 번역본들의 변경과 수정에 관한 부분이다. 그들은 이것을 가지고 우리를 힘들게 하고 이상하게 취급한다. 도대체 누가 그 사람이 완성했던 것들을[다른 번역본을] 검토하고 그 사람이 이해했던 근거를 고치기 위해서 오류의 탓을(그만큼 현명하여) 누구에게 돌렸단 말인가?

어거스틴은 제롬에게 취소나 철회를 권고하는 것을 두려워하지 않았다. 마찬가지로 어거스틴도 철회하는 것을 부끄러워하지 않았다. 우리도 취소를 말하게 될지도 모른다. 그리하여 그에게 지나갔던 많은 것들, 그가 알고 있는 연약함조차도 영광이 될 것이다. 만일 우리가 진리의 아들이라면, 진리가 말하는 것을 깊이 생각해야 한다.

그리고 어떤 식으로든 진리에 방해가 된다면 우리 자신의 공적과 다른 이들의 공적도 허물어져야 한다. 이것이 바로 그 이유이다.

그렇다면 가장 잠잠해야 할 사람들은, 우리가 말한 그 사람들이다[로마 카톨릭이다]. 그들이 가지고 있는 다양한 것들은 무엇이며 그들이 만들어 놓은 변경들은 무엇인가? 성구집(Portas)과 성무일과서(Breviary)와 같은 그들의 미사전용 책들 뿐만 아니라 그들의 라틴 번역본은 무엇인가?

이 전례서는 암브로스에 의해 만들어진 것으로 추정되고 있는데 특수한 용도와 요청으로 상당량이 있었다. 그러나 하드리안 교황은 공의회를 소집하여 찰스 황제의 도움을 받아 그것을 불태웠다. 그리고 그레고리가 만든 미사전용 책이 보편적으로 사용되도록 명령하였다. 이렇게 하여 그레고리는 명성을 얻겠지만 변경이나 수정 없이 지속될 수 있겠는가?

그렇지 않다. 로마의 미사는 두 종류이다. 로마의 파밀리우스의 서문, 미크롤로구스 앞에 나와 있듯이 새로운 방식과 고전 방식이(전자는 한 교회에서, 후자는 다른 곳에서 사용한다) 있다. 바로 그 파밀리우스는 라둘푸스 데 리보에게 보고하기를, 주후 1277년경 교황 니콜라스 3세가 로마 교회들로부터 더 오래된 미사용 책들을 옮겨와서 프란체스코회의 미사를 위해 사용하게 했고 거기서 그것들을 보관하도록 명령했다고 한다.

그리하여 수백 년이 지나기까지 위에서 말한 라둘푸스의 이름이 로마에 나타나게 된 것은 그가 발견한 모든 책들을 새것으로 교체했기 때문이다 (새 도장을 찍어서). 그래서 부스러지고 변질된 책들이 오래 전에만 있었던 것이 아니라 최근까지도 있게 된 것이다.

비오 퀸투스는 스스로 공언하기를, 거의 모든 주교들은 미사를 위한 특별한 종류의 책들을 소유했다고 했고 대부분 가지고 있는 것들이 서로 달랐다고 했다. 그래서 다른 모든 기도문을 폐기하는 계기가 되었던 것이다. 그는 1568년, 전혀 오래된 것도 아니고 그들의 교구에서 주교들에 의해 발행되고 특혜 받은 것이라도 오직 자신으로부터 시작된 것이 승인 받고 세워지도록 했다.

이제 그 교회 사제가 최선을 다해서 그 백성들의 딸의 아픔을 치유하고자 할 때, 이상하고 충돌이 생기는 아주 큰 오류들을 발견하게 될 것이다. 우리는 그 자녀들이 그들의 일치를 떠벌리는 것이 별 의미가 없다는 것을 알았으면 한다.[미사 기도문이 시대마다 달랐기 때문이다/역자주]

그러나 번역본들 사이에 드러난 차이점을 때때로 교정하는 일이 우리의 특별한 사명이다. 그러므로 그들에게 스스로 그 같은 오류가 있는지 없는지 살피도록 하자. (만일 오류라고 생각되면 고치도록 해야 한다). 그리고 우리에게 돌을 던질 수 있는 사람이 적합한지 아닌지 살펴보자. 자신이 건강하지 않은 사람들은 다른 사람들의 연약함에 이의를 제기해서는 안 된다.

우리가 그들에게 말할 수 있는 사람들은 벨라, 스테플렌시스, 에라스무스, 그리고 베베스인데 벌게이트 역본에서 오역을 찾아 낸 사람들이다. 그리하여 그들은 교정되기를 희망했고 또는 새로운 것이 만들어지기를 원했다. 로마는 틀림없이 자기들을 반대하는 증인들을 삼기 위해 그 대적들을 만들어 냈다고 말할 것이다. 그러할지라도 그들은 그런 종류의 대적이 아니라, 바로 갈라디아 사람들에게 진실을 말했던 사도 바울과 같은 대적이다 [갈 4:16].

그렇게 되기를 원했다면[그들이 진짜 대적이라면/역자주] 로마는 과감하게 그들을 공개적이며 빈번하게 말했어야 했다.

그러나 이것에 관해 어떻게 말할 것인가? 교황 레오 10세는 그의 교황 문서와 칙서를 통해 신약성경의 에라스무스 역본을 허용했다. 그것은 라틴 벌게이트와 많은 차이가 있었다. 바로 동일한 레오 10세가 페그니노(Pagnino)에게도 성경 전체를 번역하도록 촉구하였다.

도대체 책임을 감당해야 할 사람이 누구인가? 틀림없이, 사도가[사도 바울] 히브리인들에게 논증했듯이 이전의 율법과 언약이 충분했다면 나중의 것이 필요 없었을 것이다[히 7:11, 8:7]. 그러므로 우리도 이렇게 말할 수 있다. 우리가 새로운 기틀을 만드는 것에 대해 말한다면, 고대 역본이 이러한 모든 점들을 용납해 왔었다면, 우리도 작은 목적을 위해 수고해 왔고 책임을 감당해 왔다고 말할 수 있다.

그럼에도 그것은 교황 개인적인 의견이었고 오직 혼자서 궁리한 것이라고 한다면[에라스무스와 페그니노에게 주어진 명령이] 우리는 증명하기 위해 한발 더 나아갈 수 있다. 그들은 가장 뛰어난 사람들보다도 탁월한 사람들이다. 곧 자신들의 트렌트 공의회 승리자들인 파이바와 베가, 그리고 자신들의 종교 재판장인 히에로니무스 올레아스트로, 자신들의 주교 이시도루스 클라리우스, 자신들의 추기경 토마스 에이 비오 케이탄, 이들 역시 신약 성경을 스스로 만들거나 다른 사람들이 만든 것 중에서 새로운 것을 따르거나 문맥에 맞지 않는 벌게이트 번역을 지적했다.

이들 중에 아무도 그 사람과 일치하지 않는 것을 두려워하지 않았고 그 사람을 반대하여 따돌리지도 않았다.

그들은[로마 카톨릭] 이것을 문체의 균일성이라고 하고 문자에 대한 판단이라고 부른다. 그렇다면 그렇게 많은 훌륭한 사람들이 지금 받아들인 생각과 왜 다른 소리를 내고 있는가? 이건 아니다. 그러므로 우리는 핵심적인 것에 더욱 가까이 갈 것이다. 로마의 파리 판본과 로베인 판본이 다르다. 헨테니우스 판본은 두 판본과 다르다. 그렇다고 그것들 모두에게 권위를 부여하였는가?

뿐만 아니라 식스투스 퀸투스가 고백하지 않았는가? 그는 말하기를, 어떤 카톨릭 사람들은 (자신의 편에 있던 사람들을 말한다) 성경을 다시 라틴어로 번역하는 우스꽝스러운 일도 있다고 하였다. 또 그가 말하기를, 사탄은 전혀 깨닫지 못하는 저들을 이용하여 불분명하고 잡다한 많은 번역본으로 모든 것을 혼합하여, 분명하고 확실한 것이 그 번역본들 안에 아무 것도 없는 것처럼 보이게 만들려고 모든 노력을 기울이고 있다고 하였다.

더구나 공의회와 추기경들의 동의를 얻어 거역할 수 없는 법령을 정한 사람이 바로 식스투스가 아닌가? 즉, 트렌트 공의회가 비준해야 할 구약과 신약의 라틴어판이 바로 그 우스꽝스러운 라틴어 성경이 아니었던가?

식스투스는 그것을 시작한 사람이었고 부지런히 교정하여 바티칸 인쇄소에서 인쇄하였다. 자신이 만든 성경의 서문에 식스투스가 그렇게 고백하였다. 또한 그의 후임자인 클레멘트 8세는 성경의 다른 판본을 출판했다. 그것은 식스투스의 것과 엄청난 차이가 있었다(그것들 중에 상당 부분이 중요하고 필수적인 것이다). 그럼에도 이것 역시 반드시 인준(認准)되어야만 하는 것이었다.

그렇다면 '예'와 '아니오' 되시며 우리의 영광되신 주 예수 그리스도에 대한 믿음을 어떻게 가질 수 있는가? 만일 그렇지 않다면 무엇이 달콤한 조화와 일치란 말인가? 고린도 출신의 데마라투스가 위대한 왕에게 조언을 할 때, 헬라인들 사이에 있었던 분쟁에 대해 이야기하기 전, 먼저 자국에 있던 불화를 가라앉히라고 충언한 적이 있었다(당시 왕비와 왕비의 아들 및 다른 후계자가 왕과 더불어 심각한 갈등이 있었다). 이와 같이 그동안 우리의 반대파들이 그렇게 많고도 다양한 편집 본들을 스스로 만들어 그것들의 가치와 권위를 흔들어 왔으므로 그들은 수정과 교정하는 일로 우리에게 공정성을 논할 수 없다.

13. 번역자들의 목적과 참여 인원, 갖추어진 지식들, 그리고 염려

우리 자신들에게 제안했던 것들을 간략하게 보여주고, 성경에 대한 열람과 개관들을 통한 진행 과정들을 보여주기 위해서 이제 이러한 것들을 뒤에 남겨두어야 할 때가 되었다.

진실되고 선한 크리스천 독자들이여, 참으로 우리는 처음부터 새로운 번역본을 만들어야 한다고 생각한 적이 없었으며 나쁜 것을 좋은 것으로 만들어야 한다고 생각하지도 않았다(그랬다면 포도주 대신 용의 쓸개즙을 먹이고, 우유 대신 유장[乳漿]을 먹이고 있다고 말한 식스투스의 비난은 어떤 면에서 사실이 될 수도 있었을 것이다).

그러나 우리의 노력과 목표는 새로운 번역본을 만드는 것이 아니라, 이미 좋은 번역본을 더욱 개선하거나 여러 개의 좋은 번역본에서 하나의 주요한 번역본을 만드는 것이었다. 그리고 합당한 이유 없이 배척당하지 않도록 하는 것이었다. 이를 위해 자신의 자랑보다는 진실을 추구하며, 다른 여러 사람의 눈을 통해 자신보다 큰 인물로 여겨지는 많은 사람이 선택되었던 것이다.

다시 말해, 번역자들은 그 사역을 위해 왔거나 또는 그 일을 위해 왔다고 생각했다. 어떤 목적을 위해서가 아니라 수고하기 위해서(누군가가 말한 것처럼), 곧 배우기 위해서가 아니라 배웠던 사람들이 온 것이다. 그들은 우리 뿐만 아니라 연합되어 있는 수많은 전체 교회를 위해서 왔다.

그것은 최고 감독이신 폐하 밑에 엄격한 선생들이 그의 지혜를 통해서 알았던 것이며, 나지안주스도 오래 전에 가르쳤던 것이다. 먼저 가르치고 나중에 배우라는 것은 터무니없는 순서이다.

또한 배우면서 일한다는 것, 그것은 일하는 사람에게 칭찬할 만한 일도 아니고 안전하지도 않다. 그러한 생각은 제롬이 겸손하게 말할 수 있었던 것과 같다.

"우리는 부분적으로 히브리어를 지금까지 배워왔고 라틴어는 거의 요람에서부터 사용해왔다."

제롬은 자신이 정통했던 헬라어에 대해 전혀 언급하지 않았다. 왜냐하면 그가 헬라어에서 구약을 번역한 것이 아니라 히브리어에서 번역했기 때문이다. 어떤 사람들이 모였는가? 자신의 지식이나, 예리한 지성이나, 육체의 힘에서 나오는 심오한 판단력을 믿었던 사람들이 모였는가?

아니다. 그들은 하나님을 신뢰하는 사람들이었다. 다윗의 열쇠를 가지신 분 곧 열면 닫을 자가 없는 하나님을 그들은 믿었다. 그들은 어거스틴이 했던 것과 같은 취지로 우리 주의 아버지이신 주께 기도했다.

"오, 주의 성경 기록들이 나의 순수한 기쁨이 되게 하시고 그 기록들로 내가 속지도 않고 또 속이지도 않게 하소서"

이러한 확신과 헌신으로, 그들은 함께 모였다. 서로 혼란스럽게 하지 않도록 지나치게 많은 사람들이 모이지 않았다. 그리고 많은 것들을 놓치지 않도록 충분한 인원이 모였다

그들 앞에 놓였던 것이 무엇인지 묻는다면, 분명히 그것은 히브리어 구약 성경 본문이며 헬라어 신약 성경 본문이었다. 이것은 두 개의 금으로

된 파이프, 또는 속이 비어 있는 금으로 된 올리브 나뭇가지와 같다.

어거스틴은 그것들을 전본(傳本), 또는 원어라고 불렀고 제롬은 원천이라 불렀다. 제롬이 확증하였고 그라티아누스가 자기의 칙령에 포함시켰다. 구약 성경에 대한 믿음이 히브리어 두루마리를 통해서 증명되어야 하고, 신약 성경 역시 헬라어를 통해서 그렇게 되어야 한다는 것이다. 그가 의미하는 것은 헬라어 원본을 의미한다.

만일 진리가 이러한 언어들로 검증되어야 한다면 그 언어들 외에 어떤 말로 번역이 이루어져야 하겠는가? 그러므로 그러한 언어들, 즉 우리가 말하는 그 성경기록을 번역하기 위해 우리는 그 언어들을 우리 앞에 두었다. 그 언어들은 하나님의 사도들과 선지자들이 세운 하나님의 교회에 그분께서 말씀하기를 기뻐하시는 그 언어들인 것이다.

70인역이 72일 만에 번역이 끝났다는 보고가 사실인지는 모르겠지만, 우리는 70인역처럼 급하게 몰아세워 그 일을 대충하지 않았다. 우리는 제롬처럼 한 번 완성했던 것을 다시 검토하는 일에서 어떤 방해나 장애도 없었다.

만일 그 사람이 보고한 것이 사실이라면[그럴 리가 없겠지만], 그는 어떤 것을 번역하자마자 곧바로 그것을 서둘러 출판하여 그것들을 교정할 여유를 얻지 못했을 것이다.

간단히 말하면, 우리는 성경을 영어로 번역하는 일에 착수했던 첫 번째 사람들이 아니었다. 그러므로 도움받을 만한 이전의 자료가 부족하지 않았다. 그것은 오리겐이 말한 대로이다. 그는 주석을 성경에 기록한 첫 번째 사람이었다. 그러므로 그의 주석에 많은 오류가 있다고 해도 놀라운 일이 아니다.

70인역은 72일 동안 모여서 의논하지도 않았고 번역자들의 어떤 수고도 뒤따르지 않았다. 그러나 명약관화(明若觀火)하게 그런 중대함과 엄청난 결과를 가질 수 있는 문제는 어마어마한 날수의 고통이 뒤따라야 하며 성숙함으로 진행되어야 한다. 중요한 일을 하는 사람은 안일하고 느리다는 비난을 두려워하지 않아야 하기 때문이다.

그래서 우리는 갈대아어, 히브리어, 시리아어, 헬라어나 스페인어와 크게 다르지 않은 라틴어, 프랑스어, 이탈리아어, 또는 네덜란드어의 번역자와 주석자들과 의논하는 것에 대해 크게 꺼려하지 않았다. 또한 우리가 완성했던 것을 수정하는 것과 우리가 망치로 두들겼던 것을 다시 모루대 위로 가져가는 것을 수치스럽게 생각하지 않았다.

그러나 필요할 정도로 큰 도움이 되는 것은 사용하고 얻었으며 느림에 대한 비난을 두려워하거나 빠름에 대한 칭찬도 탐하지 않았다. 우리는 마침내 우리 위에 있는 주님의 선하신 손길을 통하여 여러분들이 보고 있는 이것을 전하기 위해 가져온 것이다

14. 난외주에 의미의 다양성을 기입한 이유는 각각 엄청난 개연성(蓋然性)이 있기 때문이다

불확실성을 보이는 것은 논쟁의 판단에 대한 성경의 권위가 흔들릴 수 있으므로 어떤 사람들은 난외주에 다양한 의미를 두지 않으려고 했다. 그러나 우리는 이 점에 있어서 그들의 판단이 건전하지 않다고 본다.

비록 크리소스톰이 말한 것처럼 무슨 일이든지 분명한 것이 필요하지만, 또한 어거스틴이 말한 것처럼, 성경 안에 명백하게 기록된 이러한 모든 종류는 믿음, 소망 그리고 사랑과 같은 연관성에 근거를 둔 것이다.

그러나 감추어질 수 없는 이 난외주는 한편으로 우리의 지적인 것들을 자극하고 명확하지 않은 어떤 부분에 대해서는 호기심을 깨우고 있다. 또한 난외주는 기도를 통하여 하나님의 영의 도우심을 갈망하는 우리의 헌신된 마음을 감동시키고, 마지막에는 그것을 통해 훗날 우리 형제들의 도움을 구하게 할지도 모른다.

그리하여 난외주는 많은 부분들을 스스로 찾을 수 있도록 하여 모든 면에서 자신들처럼 완벽할 수 없는 사람들을 절대로 조롱할 수 없도록 할 것이다. 난외주는 하나님의 섭리 가운데 하나님을 기쁘시게 하고 있다. 그러나 이곳 저곳에 나열되어 있는 어렵고 의심스러운 단어들과 문장들은 구원과 관련이 있는 교리적인 것들이 아니라(성경에서 분명하게 증거된 그런 곳) 약간 덜 중요한 부분들이다.

우리가 해결할 수만 있다면, 확신보다 두려움이 우리에게 더 잘 어울렸던 것이, 어거스틴과 같은 겸손함 위에서 해결될 수 있을 것이다(비록 모두가 같은 경우는 아니지만, 상황은 비슷하다).

"불확실한 것에 대한 논쟁보다는 감추어진 것들에 대해 의구심을 품는 것이 더 낫다."

성경 안에는 많은 단어들이 있는데 전혀 발견되지 않고 단 한 번 나오는 것은(히브리인들이 말해도 연관된 단어가 전혀 없는) 지역 회의를 통해서도 도움을 받을 수 없었다.

다시 말하지만, 거기에는 특정한 새들과 짐승들과 보석들의 기타 희귀한 이름들이 많이 있다. 이것들에 관해서는 히브리인들 내에서도 판단들이 너무나도 나뉘어져 있었다. 그럼에도 이것인지 저것인지 정의 내릴 수 있는 것처럼 했다. 왜냐하면 그들이 말한 것이 그들의 확신이라기보다는 무언가 말을 해야만 하는 이유 때문이었던 것 같다. 이것은 제롬도 어디선가 70인역에 관해서 했던 말이기도 하다.

그래서 지금과 같은 경우, 난외주가 독자들에게 한층 더 탐구하라고 권유하며 또한 이것이나 저것으로 독단적 결론을 내리거나 교리화 하지 않는 것은 잘하는 일이 아닌가?

명백한 것들을 의심하는 것은 불신의 오점이지만 하나님의 영이 의문의 여지로 남겨놓은 것을 단정하는 것은(비록 현명한 사람의 판단일지라도) 추측 이상의 것을 줄 수 있다.

그러므로 어거스틴이 말한 것처럼, 번역의 다양성은 성경의 의미를 찾기 위해 유익한 것이다. 우리가 확신했듯이 텍스트가 너무 불투명한 곳에서는 난외주에 있는 분별과 의미의 다양성이 틀림없이 좋은 역할을 하고 참으로 필요하다. 우리는 그렇게 확신한다.

식스투스 퀸투스가 벌게이트 판의 다양한 해석을 난외주에 기입하는 것을 분명하게 금지한 것을 우리는 알고 있다(그것이 우리 손에 가지고 있는 것과 모두 동일한 것들은 아니어도 여전히 같은 방식이다). 그러나 이러한 자만심 때문에, 자기편에 있는 지지자들이 전혀 없었다고 생각된다. 사람들은 현명해서 단어가 다른 것을 의미할 수 있을 때는 어느 하나에 매이는 것보다 차라리 해석의 차이를 자유롭게 판단하였던 것이다.

만일 그들이 대제사장 가슴 안에 모든 율법이 있다고 확신했다면, 바오로 2세가 자랑했듯이, 만일 교황이 특별한 권리에 의해 모든 오류에서 자유롭다고 확신했다면, 또 로마의 독재자들이 법으로써 신성불가침한 존재가 되었다고 확신했다면 다른 문제가 되었을 것이다. 그렇다면 그의 말이 오러클이며 그의 의견은 곧 판결이 되는 것이다.

그러나 감사하게도 세상의 눈들이 지금 열리게 되어 엄청난 시간을 맞이하고 있다. 그리하여 그들도 동일한 본성과 다른 사람들과 마찬가지로 자신의 살갗도 찔릴 수 있다는 연약함에 굴복하는 존재임을 알게 된 것이다. 그러므로 주장했던 만큼이 아니라 증명했던 만큼 그들도 그것을 인정하고 수용하게 되는 것이다.

15. 동일한 표현을 유난히 고집하지 않으려 한 이유

우리가 여러분에게 알리는 것이 좋다고 생각하는 것이 하나 있는데, 그것은 우리가 표현의 균일성이나 단어의 동일성에 얽매이지 않았다는 것이다.

어떤 사람들은 우리가 그렇게 했기를 바랐을지도 모른다. 왜냐하면 몇몇 학식 있는 사람들이 가능한 꼼꼼히 그렇게 해왔던 것을 보았기 때문이다.

만일 어떤 단어가 두 곳에서 같은 것을 의미하고 있으면, 뒤의 번역은 우리가 앞서 번역한 것과 다르지 않을 것이다. 우리는 특별히 주의하여 (어떤 단어들은 어떤 곳에서는 동일한 의미가 아닐 수 있기에) 양심을 따라 우리의 책무대로 번역하였다.

그러나 지금까지 사람들은 동일한 단어는 동일한 개념만을 표현해야 했다. 예를 든다면, 히브리어나 헬라어에서 '목적'이라고 한번 번역하면 다시는 그것을 '의도'라고 하지 않았다. '여정'이라고 번역하면 절대로 '여행'이라 하지 않았고, '생각'으로 번역하면 절대로 '추정'이라 하지 않았다. '아픔'이라고 했으면 절대로 '통증'이라고 하지 않았고, '기쁨'으로 번역했으면 절대로 '즐거움'이라고 하지 않았다.

이 문제를 조심스럽게 말한다면, 지금까지 사람들이 지혜로움보다는 호기심을 더 많이 음미했다는 생각이 든다. 이것은 경건한 독자들에게 유익을 가져다주기보다는 무신론자 안에서 조롱만 키우게 될 것이다. 어찌하여 하나님의 왕국이 단어들과 음절들이 되어야 하는가? 우리가 자유로울 수 있다면, 우리가 또 다른 적합한 단어를 사용하고자 하여 정확한 단어를 넉넉하게 사용한다면 왜 우리가 단어들에게 속박을 받아야 하는가?

초창기 경건한 어떤 교부는, 차이가 전혀 없거나 거의 없음에도 크라바톤 [침상]이 스킴푸스[작은 침상]로 새롭게 불려지는 것으로 크게 놀랐다고 했다.

어떤 사람은 쿠쿠르비타(사람들에게 익숙한 독법이었기에/덩굴식물의 한 종류)라는 단어를 헤데라[덩굴식물의 한 종류]로 바꾼 것 때문에 엄청난 비난을 받았다고 했다.

우리가 일반적으로 말이나 불필요한 변화들을 고쳐야 할 때, 이제 더 나은 시대에 이런 일들이 일어난다면, 이처럼 소소한 것들에 관해서 우리는 강한 질책을 마땅히 두려워하게 될지도 모른다. 우리는 또한 수많은 좋은 영어단어로 같은 뜻을 담지 못한 것에 대하여 책망을 받을지도 모른다(조롱하는 사람들에 의해).

어떤 위대한 철학자가 쓴 글에서 말하길, 우상으로 만들어진 통나무들이 운이 좋은 것은 다른 좋은 통나무들이 화롯불 앞에 장작으로 놓여있기 때문이라고 했다.[동일한 단어임에도 쓰임새가 다르다는 의미/역자주]

마찬가지로 만일 우리도 어떤 특정 단어에게 그렇게 말할 수 있다면, 어떤 단어에게는, 성경 안에서 항상 여유를 가지고 더 높이 서라, 하고 동일한 의미의 다른 단어에게는, 여기서 나가 영원히 사라져라, 하고 할 수 있을 것이다. 어쩌면 우리는 야고보의 말, 즉 우리끼리 차별하고 악한 생각으로 판단하는 것으로 비판을 받을지도 모른다[야고보서 2:4].

여기서 한 가지 더한다면, 단어의 기교는 언제나 무익한 것이라고 생각된다. 이름에 대해서 호기심을 갖는 것도 마찬가지이다.

우리 역시 하나님보다 더 나은 웅변의 패턴을 따라갈 수가 없다. 그분께서는 거룩한 성경에서 여러 가지 단어를 사용하시고 또 자연스럽게 한 단어를 그냥 다르게 사용하시기도 하셨다. 만일 우리가 미신적인 사람들이 되지 않는다면, 하나님께서 우리에게 주신 사본, 또는 보관된 히브리어와 헬라어로부터 나온 우리의 영어 번역본들 안에서 우리도 동일한 자유를 사용할 수도 있다.

마지막으로 우리는 교회의 옛 용어들을 버린 청교도들의 엄격하게 해석하는 방식을 피하고 그러한 단어들을 다른 뜻으로 사용하였다.

청교도들은 침례(Baptism) 대신 씻음(Washing)으로, 교회(Church) 대신에 회중(Congregation)이란 단어를 사용했다. 또 한편으로 우리는 로마 카톨릭의 모호한 용어도 피했다. 이 가운데는 아짐(무교병), 튜닉(속옷), 합리적인(Rational), 대량학살(Holocausts), 프래푸스(Praepuce/할례), 파스케(Pasche/유월절), 그와 같은 것들이 상당수가 있었다.

그들의 최신 번역에는 이런 단어들로 가득했고 그 취지도 의미를 어둡게 했다. 그들이 여전히 그 단어들로 성경을 번역해야만 했기 때문에 그것은 이해되지 않은 상태로 있을지도 모른다.

그러나 우리는 성경이 그 자체와[원어] 동일하게 말하게 되기를 소망한다. 가나안 언어로 말했던 것처럼, 바로 모국어와 동일하게 이해될 수 있기를 소망한다.

서문의 한도를 아직 초과하지 않았다면, 우리가 주었던 권면의 다른 많은 것들도 여러분에게 줄 수도 있다. 여러분을 하나님께, 그리고 그분의 은혜이신 성령께 천거하는 일이 아직 남아 있다. 그것은 우리가 요구하고 생각할 수 있는 것보다 더 많이 세울 수 있도록 할 것이다.

그분은 우리의 눈에서 비늘을 제거하고 우리 마음에서 베일을 벗겨내며 그분의 말씀을 이해할 수 있도록 마음을 넓히고 지각을 열며 참으로 우리의 기질을 바로잡을 것이다. 그리하여 우리가 금이나 은보다 더 위에 있는 것들을 사랑하되 참으로 끝까지 사랑하게 하실 것이다.

이제 여러분은 여러분이 파지도 않았던 생명수 샘으로 인도되어 왔다. 블레셋 사람들과 함께 그 샘에 흙으로 메우지 말고 사악한 유대인들과 같이 그들 앞에 터진 웅덩이를 좋아하지도 말아야 한다[창 26:15, 렘 2:13]. 다른 사람들이 수고하여 왔으며, 여러분도 그들의 수고에 동참할 수 있다.

오, 이렇게 위대한 것들을 경홀히 받지 말라. 오, 이렇게 큰 구원을 멸시하지 말라. 돼지처럼 소중한 것을 발로 밟지 말고, 개처럼 거룩한 것들을 찢거나 욕하지 말라. 우리의 지경에서 떠나라고 가다라 사람처럼 우리의 구주에게 말하지 말라[마 8:34]. 에서처럼 팥죽 한 그릇을 위해 당신의 장자권을 팔지 말라[히 12:16].

빛이 세상에 들어왔다면 어둠을 사랑하지 말고 빛을 더욱더 사랑하라. 양식이 주어졌다면, 옷이 주어졌다면 가서 헐벗지 말고 굶주리지 말라. 나지안주스(Nazianzus)의 충고를 기억하라.

"훗날의 이익을 추구하기 위해 위대한 일을 경시하는 것은 통탄할(위험스러운) 일이다."

크리스소톰의 격려도 마찬가지이다. "깨어 주의하는 사람은 결코 태만하지 않는다."

마지막으로 어거스틴의 훈계와 책망이다.

"초청하는 하나님의 뜻을 멸시하는 사람들은 보응하시는 하나님의 뜻을 깨닫게 될 것이다.”

살아 계신 하나님의 손 안으로 떨어지는 것은 두려운 일이다[히 10:31]. 그러나 복 있는 것은 이것이니 우리가 영원한 복락으로 인도되는 일이다. 하나님께서 우리에게 말씀하실 때 귀를 기울여야 하며 그분의 말씀이 우리 앞에 놓일 때 그것을 읽어야 한다. 그때 그 사람은 자신의 손을 내밀면서 말하기를, '내가 여기 있나이다, 오 하나님, 우리가 주의 뜻을 행하려고 여기에 있나이다' 해야 할 것이다.

주께서는 우리를 돌보시고 우리 안에 있는 양심에서 주를 알고 섬기며 주 예수 그리스도께서 나타나실 때 그분께 인정받을 수 있도록 역사하신다. 이제 거룩한 성령과 함께 한 이들에게 모든 찬양과 감사가 있기를 원한다. 아멘.

4

1611년 KJV 서문을 위한 변론

제4부 1611년 KJV 서문을 위한 변론

이번 4부에서는 1935년 미국 일리노이아주에 있는 시카고 대학에서 출간했던 1611년 초판에 있었던 서문에 대한 굳스피드 박사(Dr. Edgar J. Goodspeed)의 글을 담았다.

표면적으로는 1611년 초판에 있었던 서문을 복원시켜야 한다는 내용이지만 결론은 무오류한 하나님의 말씀을 어느 특정 번역본 하나에 가둘 수 없음을 피력한 글이다.

굳스피드 박사는 그 당시의 킹제임스 성경관이 너무나도 왜곡되어 있음을 보여주고 있다. 오늘날과 동일한 혼란이 있었음을 엿볼 수 있다.

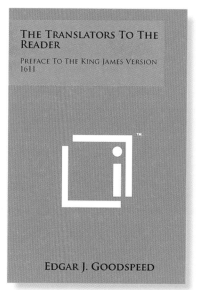

[시카고 대학 신약학 교수, 에드가 굳스피드 박사/1871-1962]

영문 원본: [https://www.ccel.org/bible/kjv/preface/thesis.htm]
[The Translators To The Reader: Preface To The King James Version 1611]

번역자들이 독자들에게 : 1611년판 킹제임스 성경 서문

　신앙에 있어서 성경만큼 중요한 책은 없으며 어떤 형태로든지 신앙에 크게 기여해 왔다. 그리고 그 어느 때보다 성경의 의미는 더욱 분명하고 강력하며 성경을 가장 굳건하게 옹호했던 사람들이 과거에 깨달은 것보다 앞으로 가르칠 것을 훨씬 더 많이 가지고 있다. 그럼에도 현대 신앙의 형태에 성경이 기여한 풍요로움과 깊이를 완전히 탐구한 사람은 거의 없을 것이다.
　모든 형태의 영어 성경 중에 가장 두드러지고 널리 애용되고 있는 것은 킹제임스 성경이다.
　킹제임스 성경의 가치는 신앙에 있어 매우 중요하다. 따라서 킹제임스 성경에 대한 잘못된 생각이 널리 퍼지지 않도록 그것의 기원과 성경 역사에서의 위치가 이해되어야만 한다. 왜냐하면 잘못된 생각이 만연하게 되면 킹제임스 성경의 신앙적 유용성을 훼손하고 왜곡시킬 수 있기 때문이다.

　그러나 킹제임스 성경에 대한 유래가 심각하게 오해되어 매우 광범위하게 퍼져있는 것은 의심의 여지가 없다. 물론 문학적인 관심과 그 성경으로 인한 예배적 가치는 보편적으로 인정되고 있다.

킹제임스 성경은 영국의 16세기와 17세기의 고전으로 그리스도인의 예배에 있어서 하나의 보화이며 신앙의 연합으로 감싸인 엄청난 것이다. 이것은 모든 사람의 문화적인 가치로 곧바로 인정되고 수용될 것이다.

그리고 모든 사람이 다 신앙심이 있다고 할 수 없을지라도 이 성경은 많은 사람의 헌신과 애정 속에 깊숙하게 박혀 있다. 사람들은 최후의 사회적, 도덕적인 실현을 거기서 찾았고 큰 보상이 되는 예배적인 가치를 그 안에서 발견했다는 그 자체만으로도 대단히 중요한 사실이다. 비록 그 성경 자체가 영어 고전으로써 아주 뛰어나거나 예배를 위한 걸작은 아닐지라도 특별한 명성이 주는 즐거움은 이 성경(KJV)에게 모두 돌아갈 것이다.

그런데 이 성경에 대한 엄청난 중요성이 대중들 안에 자리잡고 있기에 그것의 기원과 발단에 대한 사실들이 잘 알려져야만 한다. 그렇지 않으면 이와 관련된 매우 비현실적인 오해들이 생기고 퍼지게 될 것이다. 그러나 이러한 사실들이 제대로 알려지지 않아서 실제로 오해들이 상당히 널리 퍼져있는 실정이다.

본래 킹제임스 번역본은 일반 성도를 위한 성경이다. 의심할 여지없이 앞으로도 오랫동안 그렇게 될 것이다. 그래서 이 같은 사실은 아주 중요한 생각을 갖게 한다. 성경은 될 수 있는 대로 쉽고 명료하게 표현되어야 한다는 것이다.

많은 사람들이 알고 있는 이 같은 사실은 오랫동안 암암리에 출판업자들로 하여금 이 성경을 수정하게 만들었다. 그리하여 더 이상 사용하지 않는 단어들이나 알려지지 않은 철자가 일반 독자들에게 혼란을 주지 않도록 하였다. 이 같은 훌륭한 활동은 1611년 첫 번째 번역본이 출판되면서부터 즉시 시작되었고 간헐적으로 이어져 1769년이 되어서 옥스퍼드대의 블레이니 박사의 손에 의해 현재 형태로 이르게 된 것이다.

그때 수많은 고대 철자인, Hieruslem, Marie, assoone, foorth, shalbe, fet, coreeple, fift, ioy, middes, charet와 같은 것들을 명확하게 만들었다. 비교적 현대 판본에는 개선해야 하거나 현대화시킬 구절들이 거의 없다. 대부분의 구절은 그렇게 변화된 것들을 담고 있다. 그리하여 수많은 잘못 인쇄된 부분들을 수정하여 지금은 세상에서 가장 정확하게 인쇄된 성경책이 되었다. 그럼에도 불구하고 본래부터 잘못 인쇄된 것이 지금까지 남아 있는 것이 있다. 마태복음 23장 24절에 있는 그 유명한 '모기에게 긴장하다'이다(하루살이는 걸러내다). 그런데 킹제임스 성경 사용자들에게는 그 자체가 너무나 친밀한 것이어서 어떤 현대 출판업자도 과감하게 고치지 못하고 있다.

그런데 대부분의 현재 인쇄된 킹제임스 성경은 외경이 삭제되었고 어셔 주교의 연대기가 삽입되어 있다. 1701년에는 연대기가 난외주에 등장하게 되었는데 이것은 초판 킹제임스 성경으로부터의 큰 변화였다. 특히 연대기는 그 유용성이 확실하게 지속되었다. 그것은 후에 번역본 후미에 덧붙여졌다. 계속 증보되는 것은 아니었다.

그러나 '번역자들이 독자들에게 드리는 글'이란 이 '서문'이 삭제된 것은 가장 유감스러운 일이다. 당시에 번역자들은 그 사역에 대한 설명과 변호가 필요했음을 느꼈다. 그리하여 그들은 옥스퍼드의 블래세노스 대학에 있는 '마일스 스미드'에게 적절한 서문을 부탁했던 것이다.

그는 훗날 영국 글로스터의 주교가 되었다. 그의 서문은 킹제임스 성경 초판부터 시작하여 오랜 세월 동안 실려 있었다. 그러나 많은 분량과 모호함과 논란의 소지와 학술적 특성 등 여러 가지 이유로 점차 현대 킹제임스 성경 출판업자들에 의해 삭제되었다. 그러므로 현재의 형태로 만들어진 킹제임스 성경은 어떤 설명이나 소개도 없이 독자들에게는 느닷없이 나타난 것이다.

그 결과 이러한 사실[서문이 삭제된 사실/역자주]을 모르는 사람들과 그 성경을 사용하는 미숙한 사람들에게는 극심한 재앙이 되었다.

나에게는 그 서문이 없음으로 인해 아주 이상한 오해에 빠져들게 된 선량한 사람들로부터 온 많은 편지들이 있다. 참으로 길기도 하고 논쟁적이며 지나치게 학구적이다. 그러나 바로 그 사실이 중요하다. 이 모든 오해에 대하여 서문은 중요한 것들을 말하고 있다. 그래서 성경 독자들이 마땅히 보호받고 인도받아야 하며 그것을 만든 사람들이 제공했던 것이 주어지려면 서문을 만든 사람들과 그 목적을 크게 언급할 필요가 있으며 반드시 언급해야만 한다.

왜냐하면 사람들이 이러한 가이드와 보호를 누구에게도 받을 수 없기 때문이다. 이러한 오해를 교정하려는 시도는 어느 시대에도 태만했으며 그 시도들은 무시되고 모욕만 받게 될 것이다. 그러나 킹제임스 성경 자체가 자신을 지지하는 사람에게 보여 줄 수 있는 것이라면 그 서문은 그 성경을 알기 위한 가장 필요한 것들이다. 그것은 당황스럽거나 모순됨이 없이 자신들에게 유익이 될 수 있다. 그러므로 위대한 서문을 복원하는 일이 더욱 필요하게 보이는 것은 그것이 최소한의 필수적인 부분이며 '공인된 성경'에서 정당한 영역이기 때문이다.

그렇다면 킹제임스 성경 옹호자들은 그 서문에 관해 어떤 관점을 가지고 있을까? 최근에 받은 편지들과 경험들로부터 답을 들어 보자. 이것은 왜곡되거나 과장된 것이 아니라 실제로 자신들의 서명이 들어간 자칭 킹제임스 성경 챔피언들로 구성된 사람들에 의해 작성된 것들이다.

무엇보다 킹제임스 성경이 '오리지널'이라는 믿음이 퍼져갔던 것은 틀림없다. 어쩌면 이것은 그 성경을 사용하는 사람들에게는 널리 퍼진 인식일 것이다. 그러나 그것은 '노스 차이나 데일리 뉴스'의 저명한 저널리스트에 의해 신문에서 분명히 반복적으로 표현되어 왔던 것이다. 1926년 게시된 기사에서 편집자는 킹제임스 성경은 '오리지널'이라고 끊임없이 언급했다.

우리는 이것이 킹제임스 성경이 '오리지널 영어 성경'이라고 실제로 믿는 영어권 사람들을 양산했다고 확신한다. 그리고 편집자에게 있어서 성경 번역자들의 널리 알려진 수고와 윌리암 틴데일부터 매튜 파커에 이르기까지 그들의 공로가 존재하지 않았던 것이다. 19세기와 20세기의 성경이 현재 킹제임스 성경으로 확고해졌기에 그에게는 소용이 없었던 것이다. 그런데 이제 그는 자신이 끊임없이 공개적으로 자기 신문의 사설을 통해 킹제임스 성경이 '오리지널'이라고 반복적으로 묘사한 사람들과 자신들의 글들을 절대적으로 부인하고 있다.

나와 여러분이 진실과 동떨어진 사실을 아는 것이 별로 중요하지 않다.

이 사람들은 우리의 어떤 권고에도 자신들의 생각을 포기하지 않을 것이기 때문이다. 오히려 이것은 그들의 생각을 더욱 견고하게 만들어줄 뿐이다. 그렇다면 그들이 누구에게 기꺼이 배우려고 하겠는가?

오직 킹제임스 성경뿐이다. 만일 그 성경의 오리지널 서문이 그들에게 한 번 더 제공된다면 그들은 귀담아 듣지 않을 수 없을 것이다. 이 서문은 킹제임스 성경의 첫 독자들에게 제공되었던 것이며 킹제임스 성경의 번역자들은 그 서문이 모든 독자들에게 읽혀지기를 원했다.

그런데 이 희한한 생각들을 지지하는 사람들은 출판사들이나 인쇄업자들처럼 많은 비난을 받지는 않을 것이다. 왜냐하면 킹제임스 성경이 풍부하고도 훌륭하게 제공했던 서문 곧 터무니없는 실수로부터의 보호막을 지속적으로 박탈했던 사람들은 바로 출판업자들이기 때문이다. 만일 독자들이 킹제임스 성경의 서문에 있는 글들을 발견하였다면 이런 터무니없는 실수를 범하지는 않았을 것이다. 이것은 킹제임스 성경 번역자들이 사람들이 읽도록 의도했던 것이었다.

"진실되고 선한 크리스천 독자들이여, 참으로 우리는 처음부터 새로운 번역본을 만들어야 한다고 생각한 적이 없었으며 나쁜 것을 좋은 것으로 만들어야 한다고 생각하지도 않았다... 그러나 우리의 노력과 목표는 새로운 번역본을 만드는 것이 아니라, 이미 좋은 번역본을 더욱 개선하거나 여러 개의 좋은 번역본에서 하나의 주요한 번역본을 만드는 것이었다. 그리고 합당한 이유 없이 배척당하지 않도록 하는 것이었다."

대부분의 킹제임스 성경 독자들은 그 성경이 영어 성경의 원본이라고 생각할 뿐만 아니라 번역을 위한 어떤 참고 사항이나 그 이상의 성경 형태[서문과 난외주가 실린]가 있다는 것을 잘 모르고 있다.

지식이 풍성한 공동체 가운데 한 인도자가 현대 역본들은 항상 킹제임스 성경으로부터 만들어진 것으로 생각했다고 했다. 얼마 전에는 신문 기사에 미국 연합 통신 지휘부의 승인으로 그러한 주장이 분명하게 실렸었다. 동일한 생각이 지난 해 4월 최근 새로운 나라(미국) 안에 나타난 것이다.

킹제임스 성경이 '오리지널'이라는 생각으로부터 이 미숙하고 선량한 사람들을 어떻게 건질 수 있을까? 그것은 오직 자신들이 가지고 있는 킹제임스 성경 '서문'밖에는 없다.

(킹제임스 성경) 번역자들 앞에 있던 것이 무엇인지 묻는다면, 서문은 이렇게 말하고 있다.

"분명히 그것은 히브리어 구약 성경 본문이며 헬라어 신약 성경 본문이었다... 만일 진리가 이러한 언어들로 검증되어야 한다면 그 언어들 외에 어떤 말로 번역이 이루어져야 하겠는가? 그러므로 그러한 언어들, 즉 우리가 말하는 그 성경을 번역하기 위해 우리는 그 언어들을 우리 앞에 두었다. 그 언어들은 하나님의 사도들과 선지자들이 세운 하나님의 교회에 그분께서 말씀하시기를 기뻐하시는 그 언어들인 것이다... 간단히 말하면, 우리는 성경을 영어로 번역하는 일에 착수했던 첫 번째 사람들이 아니었다. 그러므로 도움 받을 만한 이전의 자료가 부족하지 않았다"

이것이 바로 현재 킹제임스 성경 독자들이 알아야 하고 번역자들이 의도했던 것이다. 왜 그들은 이 사실을 숨겨야만 하는 것인가? 몇 달 전 뉴욕 타임즈와 리터러리 다이제스트는 낯선 사실을 함께 기고했다.

"킹제임스 번역은 1611년 당시에 현존하는 오직 6개의 파피루스 원본으로부터 나온 것이다"

무슨 말을 더 들어야 하는가?

킹제임스 성경에 관해 널리 퍼진 또 다른 사실은 그것이 '공인된(Authorized)' 성경이라는 것이다. 유명한 뉴잉글랜드 신학대학원의 학장은 그 명칭에 관해 최근에 주장하기를 그것은 다른 명칭이 적용된 것이라고 강하게 반박했다. 우리는 그것이 실제로 공인된 적이 있는지 없는지 낡고 곤란한 질문을 할 필요는 없다. 실제로 그러하고 확실하게 그렇게 인정되었기 때문이다. 그런데 진실은 그것이 영국 국교회[영국 성공회]로부터 세 번째로 공인된 성경이란 점이다.

첫 번째는 1539년 '그레이트 바이블'(대성경)이며 교회에서 사용하도록 만들어졌다.

두 번째는 1568년 '비숍 바이블'(주교 성경)이다.

세 번째가 1611년 '킹제임스 성경'이다.

'공인되었다'는 의미는 '교회에서 낭독하도록 지정받았다'는 문구에서 보이듯이 공적인 예배를 위해 공식적으로 인정받았다는 말이다.

그러나 1870년, 영어 성경 개정을 위한 켄터베리 회의가 시작되었을 때, 그것은 공적인 예배를 위해 더 적당한 성경을 제시하기 위한 관점에서 분명하게 시작되었다. 우리가 듣기로는, 켄터베리 대성당과 웨스트 민스터 사원에서 1881년-1885년의 영어 개역 성경(ERV)이 킹제임스 성경을 대체했다는 것이다.

미국 성공회 캐논(교회법) 45조에서 아침과 저녁 수업에서 킹제임스 성경을 읽도록 했으며(그것은 이 교회의 표준 성경이었다), 또는 영국 개역 성경(RV)으로, 또는 미국 표준 성경(ASV)으로 읽을 수 있게 했다. 미국에 있는 로마 카톨릭 교회는 공적인 예배에서는 듀웨이 성경(Douay Bible)이 사용되고 있다. 이것은 킹제임스 성경이 오늘날 공인된 성경으로부터 멀어져 있음을 알 수 있다.

비극적인 것은, 킹제임스 성경을 여전히 '공인된 성경'이라고 부르는 사람들이 이 용어로 인해 킹제임스 성경을 다른 번역 성경과는 매우 다른 특별한 것으로 이해하고 있다는 사실이다. 사람들은 이 성경을 하나님께서 권위를 부여하신 성경이란 의미로 이해하고 있다.

오늘 아틀란타에서 매우 열정적인 젊은 목사로부터 한 통의 편지를 받았는데 킹제임스 성경이 축자영감되었다는 그의 믿음을 단호하게 선언하는 내용이었다. 이런 기이한 현상들은 매우 널리 퍼져있다(축자영감은 번역본에 사용되는 개념이 아니기 때문이다: 역자주).

물론 번역자들은 그런 주장을 하지 않았다. 참으로 번역자들의 번역 방식에 대한 설명은 이러한 생각과는 전혀 맞지 않는다.

"우리는 갈대아어, 히브리어, 시리아어, 헬라어나 스페인어와 크게 다르지 않은 라틴어, 프랑스어, 이탈리아어, 또는 네덜란드어의 번역자와 주석자들과 의논하는 것에 대해 크게 꺼려하지 않았다. 또한 우리가 완성했던 것을 수정하는 것과 우리가 망치로 두들겼던 것을 다시 모루대 위로 가져가는 것을 수치스럽게 생각하지 않았다. 그러나 필요할 정도로 큰 도움이 되는 것은 사용하고 얻었으며 느림에 대한 비난을 두려워하거나 빠름에 대한 칭찬도 탐하지 않았다. 우리는 마침내 우리 위에 있는 주님의 선하신 손길을 통하여 여러분들이 보고 있는 이것을 전하기 위해 가져온 것이다."

"불확실성을 보이는 것이 논쟁의 판단에 대한 성경의 권위가 흔들릴 수 있으므로 어떤 사람들은 난외주에 다양한 의미를 두지 않으려고 했다. 그러나 우리는 이 점에 있어서 그들의 판단이 건전하지 않다고 본다... 그러나 감추어질 수 없는 이 난외주는 한편으로 우리의 지적인 것들을 자극하고... 마지막에는 그것을 통해 훗날 우리 형제들의 도움을 구하게 할지도 모른다. 그리하여 난외주는 많은 부분들을 스스로 찾을 수 있도록 하여 모든 면에서 자신들처럼 완벽할 수 없는 사람들을 절대로 조롱할 수 없도록 할 것이다. 난외주는 하나님의 섭리 가운데 하나님을 기쁘시게 하고 있다. 그러나 이곳 저곳에 나열되어 있는 어렵고 의심스러운 단어들과 문장들은... 우리가 해결할 수만 있다면, 확신보다 두려움이 우리에게 더 잘 어울렸던 것이, 어거스틴과 같은 겸손함 위에서 해결될 수 있을 것이다... 성경 안에는 많은 단어들이 있는데 전혀 발견되지 않고 단 한 번 나오는 것은... 지역 회의를 통해서도 도움을 받을 수 없었다. 다시 말하지만, 거기에는 특정한 새들과 짐승들과 보석들의 기타 희귀한 이름들이 많이 있다... 그래서 지금과 같은 경우, 난외주가 독자들에게 한층 더 탐구하라고 권유하며 또한 이것이나 저것으로 독단적 결론을 내리거나 교리화하지 않고 있는 것이 잘하고 있지 않은가?... 그러므로 어거스틴이 말한 것처럼,

번역의 다양성은 성경의 의미를 찾기 위해 유익한 것이다. 우리가 확신했 듯이 텍스트가 너무 불투명한 곳에서는 난외주에 있는 분별과 의미의 다양 성이 틀림없이 좋은 역할을 하고 참으로 필요하다. 우리는 그렇게 확신한 다."

이러한 번역자들의 솔직하고 학자다운 말들은 영감받은 사람들의 말이 아니다. 번역자들이 사용했던 모든 말들은 예언자 같은 확신에서 온 것도 아니다. 피할 수 없는 지식의 한계를 잘 알기에 확실한 단어를 주의 깊게 사용했던 신실했던 학자들의 말인 것이다.

번역자들이 영감되었다는 교리는 번역자들의 주장이 아니다. 그들의 서문 중에서 이 정도만이라도 누군가가 읽는다면 그러한 터무니없는 생각 을 하는 것이 이해되지 않을 것이다.

킹제임스 성경에 대한 또 다른 만연한 인식은 그것이 시(詩)적이라는 것 이다. 아래의 글은 이 문제에 관해 1918년, 토마스 하디가 그의 저널에서 작성한 것이다.

"어떤 사람들은 하나님의 뜻에 의해 시적인 재능을 가지고 태어난다. 그런데 이들 중에는 스스로 실제 시인이 되기도 하지만, 어떤 사람들은 그런 사실을 거의 모른 채 시간이 흘러 [사람들에 의해] 시인으로 만들어진 경우도 있다. 특별히 [킹제임스] 성경 번역자들이 후자에 해당된다. [킹 제임스 성경] 번역자들은 당대의 언어로 성경을 번역하였다. 이후 오랜 세월로 당시의 구두 언어가 변형되기 시작했고 번역 성경에 모호한 의미가 더해졌다. 이러한 현상은 변형된 언어를 사용하는 현대인들이 옛 언어의 시집을 감탄할 때까지 계속되었다. 사실 그것이 처음 번역되었을 때 그중 절반도 시적이지 않았다. 그리하여 커버데일이나 틴데일, 그리고 나머지 여러 성경 번역자들은 육체가 없는 유령같은 존재가 되어버렸다."

백 번 양보해서 그들이(킹제임스 성경 번역자들이) 시인들이 맞다 해도 그들은 비숍 성경으로부터 텍스트의 수많은 변화들을 교정하여 킹제임스 성경을 번역한 사람들이 틀림없다.

그들은 단어의 의미를 최소한의 시적 표현으로 번역한 것에 불과하다. 그러므로 시적으로 표현했다는 것은 사실이 아니다. 그러나 누군가가 토마스 하디의 판단에 대한 의심이 남아 있다면 킹제임스 서문 앞에서는 여지없이 사라지게 될 것이다. 거기에 등장하는 번역자들은 시인과 거리가 먼 학자들이기 때문이다.

"다시 말해, 번역자들은 그 사역을 위해 왔거나 또는 그 일을 위해 왔다고 생각했다. 어떤 목적을 위해서가 아니라 수고하기 위해서(누군가가 말한 것처럼), …그러한 생각은 제롬이 겸손하게 말할 수 있었던 것과 같다… 우리는 부분적으로 히브리어를 지금까지 배워왔고 라틴어는 거의 요람에서부터 사용해왔다"

그들의 목적은 시적인 표현이 아니라 명료함이었다.
"그러나 우리는 성경이 그 자체와[원어] 동일하게 말하게 되기를 소망한다... 바로 모국어와 동일하게 이해될 수 있기를 소망한다."

그런데 킹제임스 성경에 대한 가장 큰 환상은 사람들의 손에 의해 훼손되지 않은 유일무이한 하나님의 성경이라는 것이다.

말 그대로 기이한 이 교리는 실제로 대다수 사람들에 의해 당연한 사실로 받아들여지고 있다. 그러나 '번역자들이 독자들에게 드리는 글'의 서문이 어떻게라도 출판이 되면, 그것이 무엇을 담고 있든지, 그 존재 자체가 이 문제를 크게 해결하게 될 것이다. 아주 경건한 사람들에 의해 소중히 여겨지는 이 미신적인 숭배는 서문이 다시 인쇄됨으로써 바로잡히게 될 것이다.

그러나 단순히 경건한 사람들만이 그런 것이 아니다. 수많은 편집자들, 소설가들, 교수들이 이 성경에 대해 호의적인 관점들을 가지고 있다. 단순하고 약간 합리화된 형태로 되어 있어도 동일한 것이다.

그것에 대해 감상적인 글들이 지금 서적들과 신문들 안에 가득하다. 그들은 번역자들이 "어린아이와도 같은 순수한 마음으로 자신들의 일을 시작하였다"고 했고 "그것은 원문 성경보다 더 훌륭하고 고귀한 문헌이다"라고 했다. 그러나 이것은 유일하게 남아있는 낡은 신조일 뿐이다. 킹제임스 성경 서문에서 확실하게 그것을 부인하고 있다.

"...이 나라에서든, 혹은 바다 건너서든... 우리는 우리 앞서 이와 같은 일을 하는데 열심을 다한 그들의 수고를 조금도 비난하지 않는다. 하나님께서... 그들을 세우셨다는 것을... 우리는 그들이 영원한 기억 속에서 우리와 우리 후손이 품어 마땅한 사람이라는 것을 인정한다... 그러나 이 모든 것에도 불구하고 시작과 함께 동시에 완벽하게 되는 것은 없다. 그러므로 나중 생각이 더 현명해지는 법이다. 그러므로 우리가 앞서 세웠던 그들의 기초 위에 건물을 세운다면, 그들의 수고가 도움이 되는 것이며, 그들이 남긴 것을 더욱 더 좋게 만들기 위해 수고하는 것이 된다. 그러므로 어떤 사람도 우리를 싫어할 이유가 없다고 확신한다. 만일 그들이 살아있다면 그들도 우리에게 감사하게 될 것이다."

이러한 훌륭한 문장은 오늘날 다시 살려낼 가치가 충분히 있다. 그래서 나는 킹제임스 성경 출판사들에게 성경이 시작되는 합당한 자리에 위대한 서문을 회복하는 의무를 이행하라고 주문했었다. 그러나 그들은 계속해서 삭제해야 하는 여러 가지 이유와 함께 정중한 답변을 보내왔다. 그 이유를 하나씩 살펴보자.

첫째 이유는, 너무 학구적이라는 것이다. 그러나 이것은 서문을 삭제시킨 합당한 이유가 되지 못한다. 독자들에게 그 성경의 유래를 알린다면 중대한 오류로부터 사람들을 건져낼 것이기 때문이다.

킹제임스 성경 교정자들은 대학 교수들과 학자들이다. 그들은 학구적인 그룹이다. 특히 이 점에 관해 침묵하게 되면 무서운 결과로 이어지는데 왜 독자들에게 이 사실을 숨기는 것인가?

킹제임스 성경 지지자들에게 있어서 불행한 일들 중에 하나는 학자들에 대한 반감이다. 그들은 학자들에 대해 심각한 의심을 품고 있다. 그러나 그들의 성경은 제임스 왕 시대에 성서 문학의 걸작품이다. 그러므로 인쇄될 가치가 있는 그 서문이 더 이상 드러나지 않게 되면 경건한 신앙과 배움 사이에 분명하게 균열이 생기게 되고 그것은 교회에게 가장 위험한 일이 된다.

실제로 16세기에서 20세기까지 우리의 영어 성경은 학구적인 사람들에게 빚을 지고 있는 셈이다. 그렇지 않은 경우가 거의 없다. 그러나 오늘날, 킹제임스 성경 독자 만 명 중 한 명도 성경 학자가 자신의 영어 성경과 관련 있다고는 생각조차 하지 않는다.

서문이 논란의 여지가 많다는 출판사의 주장도 역시 무의미하다. 그 성경은 논란 속에서 나왔기 때문이다. 서문 자체가 그 사실을 반영하고 있다. 왜 그것을 숨기고 있는가?

기독교 역사 속에 있는 이 논란의 입막음은 식견을 넓히지 못하게 하고 있다. 신약 성경은 그 자체가 수많은 논란 속에서 나온 것이다.

예를 들면 고린도 전서와 후서이다. 정확하게 말해서 이러한 소리를 줄이는 것은 마치 킹제임스 성경이 우리보다 더 나은 세계, 다른 어떤 곳에서 시작되었다는 인상을 갖게 하고 있다. 만일 서문이 인간적인 배경을 보여주고 있다면, 그것이 진실의 일부이기 때문에 볼 수 있도록 해야 한다. 킹제임스 성경 번역자들은 그들의 사역이 강력한 반박에 부딪히게 될 것을 잘 알고 있었다.

"보편타당한 선(善)을 증진시키기 위한 열정, 그것이 우리 스스로 계획해서 된 것이든지 아니면 다른 누군가의 수고로 이루어진 것이든지 존경과 존중을 받을 만한 일임에도 불구하고 여전히 세상으로부터는 냉소뿐이다."

"...왜냐하면 폐하는 어느 부분 사람들의 신앙과 그들의 관습에 관여되어 있기 때문이다. 아니 오히려 그들의 재산 보유권과 관련되어 있기 때문이다. 그럼에도 사람들은 자신의 것에 만족을 찾지 못하고 여전히 고침의 소리에 귀 기울이지 못한다."

"...오랜 시간 동안 손에 끌어온 번역본에 대해서 많은 말들이 있었다(지금도 멈춘 것이 아니다). 어쩌면 이미 만들어진 번역본들에 대한 점검이라고 할 수 있겠다. 이제 사람들은 그것을 번역한 이유가 무엇이며, 그것을 수용해야 할 필요가 무엇인지 묻고 있다. 사람들은 묻는다. 그렇다면 교회가 이렇게 오랫동안 속아 왔단 말인가?... 전에 그들의 번역본이 좋았는데 왜 지금 그것을 수정하고 있느냐? 그게 좋지 않았더냐? 그렇다면 그때 왜 백성들에게 그것을 권했겠느냐?..."

이런 통렬한 문장이 없었기 때문에 사람들에게 킹제임스 성경은 세계적인 환호 속에서 하늘에서부터 부드러운 이슬이 내린 것과 같은 인상으로 남았던 것이다.

서문의 논쟁적인 문서에 대해 침묵하는 것은 그 성경 위에 거짓된 얼굴을 씌우는 것이다. 물론 이것은 [킹제임스 성경] 번역자들의 책임이 아니다.

서문 복원에 대한 출판사들의 세 번째 반대는 그것이 모호해서 일반 독자들에게 혼란을 일으킬 수 있다는 것이었다. 만일 이 혼란이 다른 번역 성경이 과거에도 있었고 또 지금도 존재할 수 있다는 사실을 알게 하는 것을 의미한다면, 그것은 혼란이 아니라 정화(淨化)라고 해야 맞다. 내가 보여주려고 하는 것은 일반 독자들의 현재 마음 상태가 혼란이란 것이다.

번역자의 가이드가 없기 때문에 독자는 킹제임스 성경이 유일하고, 사람의 손으로 만들어지지 않은, 최종적이고, 확정적이며 영감받은 '오리지널' 성경으로 믿고 있는 것이다.

분명하게 진술된 서문으로 그 거짓 확신을 깨뜨리는 것이 일시적인 혼란이 될 수는 있지만, 진짜 혼란은 서문이 포함된 건전한 성경 때문에 생기는 것이 아니라 관례적으로 그 서문을 삭제시킨 재앙 때문에 생기게 될 것이다.

모호함에 관해 말한다면, 그 성경을 소개하는 것보다 서문이 모호해서는 안 된다는 것인가? 이것이 킹제임스 성경 인쇄업자들이 제시하고 있는 가장 이상한 모든 이유들이다. 지금도 여전히 가장 위대한 문장이 내 앞에 있다.

"지혜자들의 말씀들은 찌르는 채찍들 같고 회중의 스승들의 말씀들은 잘 박힌 못 같으니 다 한 목자가 주신 바이니라"(전 12:11)

그렇다면 킹제임스 성경을 읽어보라. 킹제임스 성경 서문에 어떤 것들이 모호함으로 다가오는가? 그러나 여전히 출판업자들은 서문을 삭제시키는 정당성을 '모호함' 때문이라고 한다. 그러나 킹제임스 성경 안에 다른 많은 부분과 같은 모호함이지 삭제시킬 만큼의 모호한 문장은 없다. 아니, 만일 모호함이 그 기준이라면 출판업자들은 번역된 성경과 인쇄된 서문을 모두 다 삭제했어야 했다. 다른 방법이 없을 것이다. 아니면 출판업자가 자신이 가지고 있는 성경의 많은 부분에서 모호하다고 표시된 것을 잘 모르고 있음이 틀림없다.

아래의 글은 최근 킹제임스 성경 지지자가 다른 영어 성경에 관하여 지적한 발언이다.

"문장 대부분이 질이 떨어진다... 전반적으로 역사적인 설명도 미숙하고 저급한 방식으로 기록되어 있다... 대언서의 어떤 부분에서 관심을 사로잡는 구절은 한 군데 밖에 없다. 바울이 가끔 기억에 남을 만한 방법으로 생각을 표출하기 위해 자신의 엄청난 능력을 드러내었는가?"

이것은 무엇을 의미하는가? 아니면 글쓴이가 킹제임스 성경을 이해하지 못하고 있는 것인가? 명백한 진실은, 킹제임스 성경이 가진 그 모호함이 가장 현저한 특징이다. 그러나 어떤 사람이 바울과 선지자에 관해 이렇게 말할 때, 그가 드러내고 있는 것은 성경이 아니라 자신의 번역본이 그렇다는 것이다. 그는 이해할 수 없는 번역본을 사용하고 있다는 사실을 드러내고 있는 것이다.

현대 독자들이 킹제임스 성경 서문을 정독하기 위해서는 약간의 인내심이 필요할 것이다. 그러나 바울과 선지자들의 길고 모호한 문장이 전시된 곳으로 부르심을 받았다고 생각하고 인내하라! 모호함의 한가운데서 자신의 성경을 읽는 것에 익숙해질 것이다.

자신 앞에 제임스 왕 시대의 산문체 첫 수업 시간의 진본을 가지고 있다고 생각하면 좋을 것 같다. 그 시대 글들을 나란히 놓고 번역만 아니라 실제 그들의 생각이 어떻게 표현되었는지 보기 위해서이다. 이 진본 안에 그들의 실제 문학적인 수준이 드러나 있다.

만일 현대 출판업자들에게도 그들의 문학적 양식이 모호하다고 느껴지면 성경 안에 있는 더 큰 모호함도 어느 정도 설명될 수도 있을 것이다.

아무튼, 그 서문은 사람들이 마땅히 기록해야 하는 방식에 대한 그들의 생각을 보여주고 있다. 이것은 그들이 분명하고 효과적인 영어라고 생각하는 것의 한 예시를 독자들에게 제공하고 있는 것이다. 그리고 그 가치는 진지한 킹제임스 성경 독자들에게 하나의 척도, 하나의 표준 양식이 될 것임이 틀림없다. 서문을 이해할 정도의 사람이라면 누구든지 그 성경도 이해할 수 있을 것이다.

특히 학생들에게, 킹제임스 성경의 서문은 시대적 교재의 재산이며 신앙인의 자세이며 필수적인 것이다. 대학 신입생을 대상으로 인문학 조사 과정을 통해 드러난 것은 서부 대학의 43%가 서문이 없는 킹제임스 성경을 구입했다고 한다. 다른 연구 분야에서는 꿈에도 생각할 수 없는 수치이다. 이 서문 없이 어떤 학생도 그 성경을 역사적으로 파악하는 것은 한마디로 불가능하다.

일반 독자들에게 언급되었던 서문의 중요성은 학생들에게 훨씬 더 중요하다. 그리고 대학에서 우리의 영어 성경 교사들이 그 사실에 대해 각성해야 할 때가 되었다. 그러나 서문이 포함된 성경을 본 사람이 거의 없는데 어떻게 그들이 깨어나기를 기대할 수 있겠는가?

지난 몇백 년 동안 목사들, 교수들, 학생들, 일반 독자들, 경건한 독자들, 이 모든 사람들의 관점으로부터 서문은 사실상 감추어져 왔었다.

1821년 이후 서문이 포함된 최고의 번역본은 옥스퍼드 대학 출판부에서 출판된 영어 특대 4절판 성경이다. 이것은 아주 값비싼 설교용 성경이다. 미국에서는 거의 볼 수 없어서 대학들이 독서실에 일정량을 갖추기는 어려울 것이다.

또한 영국해외성서공회(BFBS)와 미성서공회(ABS)에서 나온 그들의 성경에 서문이 포함된 것은 거의 없었던 것 같다. 지난 수백 년 동안 지금까지 내가 배울 수 있는, 서문이 포함된 성경은 서로 다른 곳에서 인쇄된 두 종류의 성경뿐이다.

지금까지 성경과 관련된 책으로 인쇄된 것이 몇 번 더 있었던 것은 사실이다. 링컨(지명)의 주교였던 크리스토퍼 워즈워드의 특별 요청에 따라 J.R. 도르는 그의 '고전 성경' 두 번째 판본의 부록에서 소개되었다.

A.W. 폴라드는 그의 '영어 성경의 기록들'에서 전체를 다시 인쇄했다. 리차드 로벳은 말하기를, "정규적인 판본을 형성하는 이 서문이(인쇄된 영어 성경) 오래 전에 중단된 것은 가장 불행한 일이다"라고 했다.

존 스토톤은 (우리 영어 성경에 관해) 논평하기를 "유감스러운 것은, 모든 판본에 '폐하에게 드리는 헌사'는 있으면서 '독자들에게 드리는 글'이 있는 경우가 거의 없었다. '헌사'를 취소하고 '독자들에게 드리는 글'을 보편적으로 넣는 것이 좋은 변경이 될 것 같다"라고 했다.

몇몇 학자들과 전문가들이 단지 학문적 관심을 가지고 이런 요구를 하는 것은 무가치한 것이 아니다. 오히려 그것은 현시대의 신앙에 절실하게 필요한 것이다. 왜냐하면 킹제임스 성경이 여전히 부인할 수 없는 최고의 위치를 확보하고 있기 때문이다.

많은 잘못된 개념과 왜곡이 단지 서문을 복구하는 것의 분명한 의지만으로도 멈춰질 수 있다. 그럼에도 이 성경이 계속해서 더 큰 위험 속으로 빠져 들어가는 것은 용납할 수 없는 일이다.

킹제임스 성경은 사기꾼들이 마음대로 악용하도록 내버려 두기에는 너무나 깊은 신앙적 가치가 실려 있다. 그 성경의 서문은 건전한 성경적인 배움과 방법의 위대한 기념비이다. 이전에 그들에게 전혀 필요하지 않았던 만큼이나 지금 독자들에게 절실하게 필요하다. 애석하게도 킹제임스 성경에 대해 올바른 다양한 시대적 관점들이 서문 안에 있으며 우리 손 안에 놓여만 있다는 점이다.

서문이 성경과 관련된 책으로나 공공 도서관에서 이용할 수 있는 것만으로는 충분하지 않다. 그러한 책들을 누가 알겠는가?

나에게는 지식인들과 교육받은 목사들이 어디서 그 서문들을 찾을 수 있는지 묻는 편지들이 있다. 전혀 들어본 적이 없다는 것이다. 그렇다면 일반 독자가 언제 그것을 알고 언제 그것을 찾을 수 있는 기회가 있겠는가?

킹제임스 성경은 현대 세계에서 강력한 힘이 있다. 만일 그것을 총명하게 사용하면 매우 선한 강력함이 되겠지만, 설명되지 않은 채로 남겨진다면 악하게 활용될 것이다. 독자들에게 가장 필요한 것은 그것에 관한 교육이다. 그 서문은 정확하게 그것을 설명하고 있다.

나의 사역은 위대한 번역본의 모든 복사본마다 킹제임스 성경의 서문을 본래 자리로 돌아가게 하는 일이다. 절대적으로 필요한 것임을 이해시키기 위해서 오늘날 그 일보다 더 위대한 섬김이 되는 성경 연구는 있을 수 없다고 본다.

킹제임스 성경의 위대한 출판사들 가운데 영국 대학의 출판부는 찰스 1세 시대부터 있었다. 그곳에서 서문을 요청하는 사람들에게 무료로 배포하기 위해 별도로 인쇄하곤 했었다. 그러나 이러한 공급은 이제 끊겼고 서문은 사실상 절판된 상태이다. 그 당시 지식을 깨운 기념비적인 위대한 성경은 무방비 상태로 남아 있다. 킹제임스 성경의 모든 독자들에게 피할 수 없는 혼란을 주면서 말이다.

건전한 학문과 상식 모두는 서문의 재인쇄를 요구하고 있다. 그것은 킹제임스 성경을 참으로 이해하기 위한 필수적인 것이다. 결국 이것은 모든 형태의 성경과 관련된 후덕한 친구인 변호사 찰스 포레스트 커터의 후원으로 가능하게 되었다.

옥스퍼드와 캠브리지 대학 출판부는 다시 인쇄하는 것에 동의하였고 헌팅턴 도서관은 소장품 가운데 1611년 초판의 브릿지워터 복사본부터 원본 그대로를 전시하는 것을 허용했다.

우리가 이 일(스펠링을 어느 정도 현대화시킴)에 행복한 것은 1935년이 첫 번째 영어 성경(커버데일)이 인쇄된 지 400주년이 되기 때문이다. 그 성경의 가장 걸출한 후예가 바로 킹제임스 성경이다.

물론 나에게 있어서, 성경의 신앙적 가치는 그 어떤 문학적인 요인보다 훨씬 중대하다. 거기에는 현대 세계에게 필요한 엄청난 메시지가 있다.

이러한 메시지들이 한때는 소통되었지만 지금은 오래된 골동품처럼 문학 박물관에나 있을법한 것으로 치부되는 것은 내게는 매우 충격적이며 비극적인 일처럼 보인다.

이것은 마치 병이 깊은 환자를 현대 의술이 아니라 16세기의 치료법으로 치료하는 것이나 다를 바 없다. 그것은 마치 건강이나 생명이 위태로운 사람에게 단지 피를 빼거나 고름을 빼야 한다고 주장하는 것과 같다. [근본적인 치료가 될 수 없다는 뜻이다/역자주]

그러나 조금 덜 극성스러운 킹제임스 성경 지지자들도, 분류주의자나 애호가들도, 킹제임스 성경이 처음 나왔을 때는 킹제임스 성경 서문이 들어있는 성경을 가졌을 것이다. 그것을 만든 사람들은[킹제임스 성경 번역자들은] 그것을 성경 안에 넣고 남기기 위해 의미를 부여한 것이다.

그러므로 서문을 삭제하기 위한 출판업자들의 세련된 변명 자체가 바로 서문을 제자리에 회복시켜야 하는 진정한 이유인 것이다.

영문 원본: [https://www.ccel.org/bible/kjv/preface/thesis.htm]

'The Translators To The Reader: Preface To The King James Version 1611'

by Edgar J. Goodspeed

5

관점이
다양한
성경관

제5부 관점이 다양한 성경관

  사람들은 쉽게 결론을 내리기를 좋아한다. 명쾌한 것이 좋기 때문이다. 그런데 때로 빠른 결론 뒤에는 부작용도 뒤따른다. 지금까지 주장해왔던 결론이 모순을 일으킬 때 번복하는 것이 쉽지 않기 때문이다. 성경관도 마찬가지이다. 이 영역은 엄청난 역사와 다양한 시각이 공존하고 있다. 구원관처럼(갈 2:16) 분명한 결론이 있는 반면에 성경관처럼 그렇지 않은 영역도 있기 때문이다.

[문자는 부서져도 하나님의 말씀은 부서지지 않는다. 성경책은 불에 타도 하나님의 말씀은 불타지 않는다. 하나님은 문자가 아니기 때문이다/yonsei.or.kr/theguardian.com]

  관점이 다양하다는 표현을 오해해서는 안 된다. 하나님의 말씀을 아무렇게나 해석해도 무방하다는 뜻이 아니라 번역에 있어서 단어의 절대성과 다양성이 공존하고 있다는 의미이다. 킹제임스 성경 번역자들은 난외주를 통해 원어에 있는 단어가 하나의 의미로만 번역될 수 없음을 피력했다. 번역의 한계성 때문이다.

그래서 1611년 킹제임스 성경 앞에 있는 'The Translators to the Reader'는[8] 단순한 서문이 아니다. 그 서문은 킹제임스 성경 번역자들의 번역의 철학과 번역의 배경과 고뇌가 담겨 있는 장엄한 하나의 진실이다. 이것이 삭제됨으로써 오는 혼란과 비극은 굳이 말할 필요도 없다. 우리가 주의할 것은 어떤 번역본이 '완전하게 보존된 말씀'이고 다른 번역본은 아니라고 말하는 그 섣부른 결론이다. 킹제임스 성경 번역자들은 결코 그렇게 말하지 않았다.

이미 살펴보았듯이 어떤 번역본이든지 번역의 한계는 필연적이다. 그 한계는 위클리프 성경에도 있었고 틴데일 성경에도 있었으며 커버데일 성경에도 있었고 제네바 성경에도 있었다. 동일하게 킹제임스 성경에도 있었다.[9] 그러나 어느 누구도 그러한 한계를 '불완전한 말씀'이라고 말하지 않는다. '불완전한 말씀'과 '번역에 한계가 있다'는 것은 전혀 다른 의미이기 때문이다.

이 차이를 이해하기 위해서는 '번역'이란 속성을 반드시 이해할 필요가 있다. 모순처럼 들리겠지만 우리가 가지고 있는 성경은 '인간의 불완전한 문자로 기록된 완전한 하나님의 말씀'이다. 그렇다면 우리 머리에 의문이 생기게 된다. 번역본에 한계가 있다고 치자. 그렇다면 완전하게 보존된 필사본이 없단 말인가?

---

8) Holy Bible(KJV 400 year anniversary), (MI: Zondervan, 2011)
   THE HOLY BIBLE(KJV), (NY: American Bible Society, 2010)
9) 에드워드 힐즈, 『킹제임스 성경 변호』, 정동수, 권승천 역 (인천: 그리스도 예수안에, 2007) p210-223.

1. 어떤 성경이 보존된 성경인가?

하나님은 홍해를 가르고 요단강 물을 마르게 하셨다. 썩어 있었던 나사로를 살리시고 요동치는 갈릴리 바다를 잔잔케 하셨다. 그렇다면 하나님께서 원어 성경을 보존하시는 일이 너무 어려운 일이겠는가? 천지를 창조하신 하나님께서 모세오경의 원문이나 헬라어 자필 원문을 보존하는 것이 난감한 일이겠는가?

그런데도 지금까지 세상에 존재하는 사본 중에서 동일한 사본이 단 하나도 없다는 것이 진실이다. 이것은 하나님께서 원본 자체를 숨기셨다는 의미로 이해해도 무방할 것이다.

소위 'TR'(Textus Receptus)이라 불리는 헬라어 사본도 마찬가지이다 ('TR'은 성경 하나가 아니다. '계열'을 의미하는 것으로 이해해야 한다. 그리고 이 단어는 1633년 이후에 생겨난 단어이다).

소위 TR 계열은 에라스무스판은 5개, 스테파누스판은 4개, 베자판은 9개, 엘제비어판은 7개가 있다. 이 모든 성경들은 'TR'이라고 부른다(베자 사후에 출판된 것까지 합치면 26판이나 된다. 그런데 이것들은 번역본들이 아니라 모두 헬라어 사본들이다). 그렇다면 어떤 판본이 '완전한 성경'인가? 놀랍게도 26개의 판본 중에 100% 동일한 두 개의 판본이 없다(내용에 차이가 있다는 뜻이 아니다. 글자가 100% 일치하지 않는다는 의미이다).

그런데 TR에서 번역된 킹제임스 성경만이 유일하게 보존된 무오류한 성경이 된다면 얼마나 논리적으로 모순을 일으키는 결론인가? 그렇게라도 믿고 싶어 하는 심정은 충분히 이해할 수 있다. 하나님께서 완전(完全)하시기 때문에 '완전한 성경'이 있어야 한다는 결론을 미리 내렸기 때문이다.

[틴데일과 그가 번역한 성경. 틴데일은 히브리어 마소라 성경과 헬라어 에라스무스 성경에서 영어로 번역했다. 그러나 킹제임스 성경과는 많은 차이가 있다. 그럼에도 불구하고 어느 누구도 틴데일 성경을 오류 있는 하나님의 말씀이라 하지 않는다. 번역에 한계가 있다고 말한다. britannica.com/alamy.com]

2. 섭리적 보존(providential preservation)

우리가 혼동하지 말아야 할 개념은 '섭리적인 보존'이다.[10] '섭리적인 보존'은 원어를 포함해서 번역의 모든 과정과 역사를 총망라한 것을 의미한다. 그런데 문제가 있다. 번역본이 다양하다고 할지라도 번역을 위한 절대적인 기준이 되는 절대 사본이 있어야 하지 않은가?

그런데 위에서 살펴보았듯이 킹제임스 성경의 저본(底本)이라고 할 수 있는 TR 계열의 사본이 하나가 아니다. 킹제임스 성경을 번역하기 위해

---

10) 웨인 그루뎀, 『조직 신학(상)』, 노진준 역 (서울: 은성출판사, 2009), p465-532.
   이성호, 『간추린 성서대사전』, (서울: 혜문사, 1982), p886.

번역자들이 사용했던 사본은 에라스무스 3판, 스테파누스 3판과 4판, 베자 5판으로 알려져 있다. 그런데 이 세 종류의 판본이 100% 일치하지는 않는다(『킹제임스 성경변호』, p217-223). 그럼에도 불구하고 하나님은 정확한 사본을 알려주시기 위해 하늘에서 땅으로 내려오신 적이 없으시다.

　그렇다면 하나님께서 정확한 사본이 어떤 것인지 침묵하신 이유를 우리는 깊이 생각해 보아야 한다. 사본의 다양성으로 얻는 유익이 더 크기 때문이라고 생각된다. 사본이 다양하다고 해서 진리가 왜곡되는 일은 없기 때문이다. 진리가 일치되지 않은 성경을 우리는 '외경'(外經), 또는 '위경'(僞經)이라고 부른다.

　그러한 분별력은 하나님께서 하늘에서 말씀하시지 않아도 성령이 내주하신 사람들을 통해 자연스럽게 드러나게 되어 있다. 어쨌든 절대적인 기준이 되는 사본이 없는 것은 사람의 관점에서 보면 참으로 답답한 일이지만 그 이면도 깊이 묵상해볼 필요가 있다. 사본의 다양성이 가져오는 효과도 크기 때문이다.

　첫째, '다양한 사본'은 성경책 자체가 우상화되는 것을 막았다. 성경책은 하나님의 구체적인 말씀이 기록된 계시이지 그 자체가 하나님이 아니기 때문이다.

　둘째, '다양한 사본'은 성경을 기록한 사람이나 성경을 번역한 사람이 우상화되는 것을 막았다. 예수님은 천하의 사도 바울에게도 사탄의 가시를 주셨다. 사람은 연약한 존재이기 때문이다. 사람들은 소위 '완전한 성경'을 만든 사람을 '무오류한 사람'이나 '신령한 존재'로 만들어 버린다.

셋째, '다양한 사본들'과 '다양한 번역본들'은 오히려 하나님의 말씀에 대한 깊은 연구가 일어나는 계기를 만들었다. 서로를 향해 비난의 목소리를 내는 것이 아니라 끊임없이 진리를 탐구하게 만들었다는 의미이다.

"철이 철을 날카롭게 하는 것 같이 사람이 그의 친구의 얼굴을 빛나게 하느니라"(잠언 27:17) - 개역개정

절대적인 기준이 되는 성경책을 자신만이 가지고 있다고 가정해 보자. 오히려 그것은 그 사람을 죽이는 일이 된다. 로마 카톨릭은 절대적인 '라틴 벌게이트'를 가지고 중세 암흑시대를 열었다. 유일한 척도라고 믿는 성경을 손에 쥐고 왜곡하게 되면 어느 누구도 막아낼 방법이 없다. 다양한 사본과 다양한 번역본은 오히려 진리가 왜곡되는 위험을 막아 온 것이다. 어쩌면 이것이 하나님께서 하나님의 말씀을 보존하시기 위한 일종의 안전장치일 수도 있다.

하나님께서 모세의 무덤이 어디에 있는지 알지 못하도록 하신 이유와 비슷하다고 할 수 있겠다. 모세의 무덤이 우상 숭배의 온상이 될 수도 있기 때문이다.

"이와 같이 주의 종 모세가 주의 말씀대로 거기서 모압 땅에서 죽으니라. 그분께서 벧브올 맞은편 모압 땅에 있는 골짜기에 그를 묻으셨으나 아무도 이 날까지 그의 돌무덤에 대해 알지 못하느니라"(신 34:5-6) - 흠정역

이스라엘 백성들에게 있어서 모세는 그야말로 살아 있는 신과 같은 존재였다. 그러나 하나님은 사람을 창조하신 창조주이시다. 인간의 내면에 무엇이 꿈틀거리고 있는지 정확하게 알고 계신다.

북극에서 썰매를 끄는 개들을 보면 성경에 대한 하나님의 섭리적인 보존을 쉽게 이해할 수 있을 것이다.

빙판이 안전한 곳에서는 썰매를 일자형(一字形)으로 끌게 하지만 빙판이 불안전한 곳에서는 부채꼴 방사형(放射形)으로 끈다고 한다. 빙판이 얇은 곳에서 일자형 썰매는 모두 빠져 죽을 위험이 있지만 방사형 썰매는 한 마리가 물에 빠진다고 해도 전혀 문제가 되지 않기 때문이다.

하나님께서 구약과 신약을 보존하신 섭리를 보면 이 비유가 쉽게 이해가 될 것이다. 구약 성경만큼은 일자형(一字形) 썰매와 비슷하다. 레위 지파 서기관들과 그들의 후예라고 할 수 있는 마소라 학파의 엄격한 규칙 때문이다. 구약 성경 전체를 필사할 때 단 3개의 오자(誤字)가 발견되면 성경 전체를 모두 폐기하였다고 한다. 얼마나 심혈을 기울여서 필사했는지 이해될 수 있는 부분이다. 그래서 히브리어 사본의 종류가 많지 않은 것이다.

그러나 교회 시대에는 레위 지파 서기관들이나 마소리 학파 같은 엄격한 규칙이 있는 것이 아니었다. 그러므로 신약 사본의 종류가 많은 것은 사탄의 작품이 아니라 오히려 하나님께서 하나님의 말씀을 보존하신 섭리의 방법이라고 보아야 타당하다. 그렇지 않으면 26종류나 되는 'TR'(Textus Receptus)을 어떻게 설명할 수 있겠는가?

베자는 헬라어 성경을 무려 9판이나 펴냈다. 사후에 펴낸 것까지 합치면

10판이다. 그렇다면 킹제임스 성경이 저본(底本)으로 삼지 않은 베자의 다른 판들은 모두 사탄이 개입한 것인가? 베자 한 사람이 하나님께서 보존하신 성경도 만들고 사탄이 개입한 성경도 만들겠는가?

성경에는 노아가 완전한(perfect) 사람이라고 했다(창 6:9). 그 완전한 사람이 나중에 포도주에 취해 벌거벗었다(창 9:21). 그렇다고 해서 어느 누가 노아가 완전하지 않다고 말하는가? 성경관에 있어서 사람들은 '완전함'에 대한 정의를 잘못 내리고 있다는 뜻이다.

다시 반복하지만 번역본에 오역이 있다고 할지라도 성경은 완전한 하나님의 말씀이다. 그 완전함을 문자에 오류가 없는 것으로 오해하고 있다면 '성경책'이 하나님이 될 수도 있다. 그러므로 사람이 성경책을 지키는 것이 아니라 하나님의 말씀이 사람을 지키는 것이다.

[개는 썰매를 끄는 일종의 도구이다. 성경책도 하나님의 말씀을 실어 나르는 일종의 도구이다. 성경책은 하나님이 아니다. 중세 암흑기를 통해 우리는 교훈을 얻어야 한다/ wallpaperbetter.com]

넷째, 다양한 사본은 인간의 교만으로 인한 파멸을 막았다.

절대적인 성경(권능)을 소유하고 싶은 마음은 모든 사람 안에 잠재되어 있다. 절대적인 그 무언가를 손에 쥐고 싶어 하는 것은 사람의 타락한 본성이기도 하다. 그래서 우상숭배는 인간의 교만과 연결되는 통로이다.

"…탐욕은 우상숭배니라"(골 3:5) – 흠정역

"…탐심은 우상숭배니라"(골 3:5) – 개역개정

그리고 인간의 교만은 스스로 통제할 수 있는 영역이 아니다. 다시 언급하지만 사도 바울이 그 좋은 예이다.

"계시들이 넘침으로 말미암아 내가 분량 이상으로 높여지지 않게 하시려고 주께서 내게 육체 안에 가시 곧 사탄의 사자를 주사 나를 치게 하셨으니 이것은 내가 분량 이상으로 높여지지 않게 하려 하심이라"(고후 12:7) – 흠정역

이 모든 연약함에도 불구하고, 모든 사람들에게 하나님의 진리의 말씀이 전파되도록 하신 것을 우리는 '섭리적인 보존'이라고 말한다.

[금송아지는 금으로 된 송아지만을 의미하지 않는다. 하나님보다 더 숭배되는 모든 피조물이 그 대상일 수 있다. 예수님 당시에는 그것이 율법으로 둔갑되었을 뿐이다/stockadobe.com]

3. 완전 무오류한 성경

'문자적으로 무오류한 성경'은 사람이 쉽게 선언할 수 있는 영역이 아니다. 에라스무스는 5판, 스테파누스는 4판, 베자는 9판, 엘제비어는 7판의 헬라어 성경을 출판했다. 이 모두를 'TR'(수용본문)이라고 부른다. 그런데 이 중에 어느 누가 자신이 펴낸 성경만이 완전한 성경이라고 말했는가? 설령 베자가 그렇게 말한다고 할지라도 자신이 펴낸 성경도 100% 일치가 되지 않은 이 현상을 어떻게 설명할 수 있는가?

킹제임스 성경이 나오기 전에도 이미 위클리프, 틴데일, 커버데일은 목숨을 걸고 하나님의 말씀을 번역했다. 이 성경이 킹제임스 성경과 다르다고 해서 그것이 하나님의 말씀이 아니라고 말할 수 있는가?

킹제임스 성경도 캠브리지 판(1762년)과 옥스퍼드 판(1769년)으로 크게 나뉘어 있다. 1769년 이후로도 많은 수정과 교정을 거쳐 오늘날에 이르게 된 것이다. 그렇다면 어떤 성경이 무오류한 성경인가?

아주 사악한 의도를 가지고 성경을 변개시키지 않은 이상 우리 손에 들려 있는 번역본은 모두 '완전한 하나님의 말씀'인 것이다. 킹제임스 번역자들도 그렇게 말했다.

"그러므로 어떤 결함이나 결점이 발행되는 과정에서 드러난다 할지라도 번역된 말씀이 [하나님의] 말씀이 아니라고 할 이유도 없고 또는 통용되는 것을 막을 이유도 없다. 해 아래 완전한 사람이라도, 하나님의 영의 특별함을 부여받은 사도들이나 사도적인 사람들이라도, 무오류성의 특권을 부여

받은 사람이라도 손으로 하지 않은 사람이 있었는가?"

"No cause therefore why the word translated should be denied to be the word, or forbidden to be current, notwithstanding that some imperfections and blemishes may be noted in the setting forth of it. For what ever was perfect under the Sun, where Apostles or Apostolic men, that is, men endued with an extraordinary measure of God's spirit, and privileged with the privilege of infallibility, had not their hand?"

초판 번역자들은 '완전한 말씀'과 '번역본'을 절대로 동일하게 생각하지 않았다. 번역본에는 사소한 결점이나 결함이 있을 수 있다는 것이다. 사람들이 사용하는 문자(文字)에 한계가 있기 때문이다. 그렇다고 할지라도 그것이 하나님의 말씀이 아니라고 할 이유가 없다는 것이다. 그런데 어찌하여 오늘날 킹제임스 성경 번역자들이 번역한 성경을 사용하면서도 그들과 전혀 다른 성경관을 가지고 있는 것인가?

하나님은 어떤 나라도, 어떤 사람에게도 자신이 사용하고 있는 성경만이 절대적이라는 기준을 주신 적이 없다. 이스라엘은 신약 성경이 없었고, 교회는 구약 성경을 이스라엘을 통해 전수받았다. 그럼에도 불구하고 '완전한 말씀'이 온 세상에 전해지도록 하셨다. 반복하지만 이것이 바로 '섭리적인 보존'이다.

그리하여 성경을 손에 들고 교만하지 않게 하셨고 성경으로 진리를 분별하면서도 다른 영혼들을 판단하지 못하게 하셨다. 성경을 손에 들고 의심에 찬 마음을 갖게 하신 것이 아니라 끊임없이 연구하게 하셨다. 그리하여 손에 들려 있는 성경이 하나님으로 둔갑하는 일을 막으셨다. 이것이 바로 '불완전한 언어'를 통해 완전한 '하나님의 말씀'을 우리에게 주신 이유라고 생각한다. 참으로 놀라운 균형과 공존성이 아닐 수 없다.

의심 많은 도마는 예수님의 상처 난 손과 발과 옆구리를 보고 '나의 주시며 나의 하나님'(요 20:28)라고 고백했다. 상처투성이의 그리스도를 통해 '완전한 하나님'을 발견한 것이다.

그리스도인은 깨어진 돌판 성경을 통해서도, 문자의 한계가 있는 성경을 통해서도 '완전한 말씀'을 볼 수 있어야 한다. 참으로 그렇게 되었으면 좋겠다.

[도마는 예수님의 상처 난 손과 옆구리를 보고 그분이 바로 하나님이라고 고백했다(요 20:28). 우리의 믿음의 대상은 처음부터 끝까지 무오류하신 하나님이시다. 하나님 외에는 그 어떤 것도 숭배의 대상이 될 수 없다/pastortimlecroy.com]

4. 율법의 일점일획(一點一劃)

"진실로 너희에게 이르노니 천지가 없어지기 전에는 율법의 일점일획도 결코 없어지지 아니하고 다 이루리라"(마 5:18)

위의 말씀은 예수님의 산상수훈이다. 그런데 율법의 일점일획도 없어지지 아니한다는 말씀을 어떤 특정 번역본으로 보존되는 것으로 믿는 사람들이 있다. 그러나 예수님의 말씀은 구약 성경에 있는 가장 작은 것까지 모두 성취된다는 의미이다. 예언의 '성취'가 핵심이지 어떤 번역본을 보존하시겠다는 의미가 아니다.

설령 성경을 보존하시겠다는 의미라고 할지라도 '율법의 일점일획'은 율법(토라)의 일점일획이지 번역본의 일점일획이 아니다. 번역본은 하나님의 섭리 가운데 부어주신 하나님의 은혜이지 번역본 자체를 하나님께서 약속하신 적이 없다. 우리는 예수님이 나사렛 회당에서 이사야의 글을 읽으셨던 것을 기억할 필요가 있다.

"회당에 들어가사 성경을 읽으려고 서시매 선지자 이사야의 글을 드리거늘 책을 펴서 이렇게 기록된 데를 찾으시니... 회당에 있는 자들이 다 주목하여 보더라. 이에 예수께서 그들에게 말씀하시되 이 글이 오늘 너희 귀에 응하였느니라"(눅 4:16-21)

[사진은 고대 두루마리 성경이다. 예수님도 나사렛 회당에서 이와 같은 형태의 두루마리 성경을 읽으셨을 것이다]

이사야는 주전 약 700년 전의 선지자이다. 이사야가 기록한 원본(原本)이 나사렛 회당에 있을 리가 없다. 회당에서 사용하는 성경은 모두 필사본들이다. 그럼에도 예수님은 그 성경을 가지고 "이 글이 오늘 너희 귀에 응하였느니라"고 말씀하셨다.

그렇다면 지금 우리 손에 들려 있는 성경은 무엇인가? 사본(寫本)이 아니라 번역본(飜譯本)이다. 이방인들의 언어로 번역된 성경이란 뜻이다. 번역본(飜譯本)은 하나님의 은혜이지 하나님께서 말씀을 보존하시겠다는 약속의 결과물이 아니다.

5. 말씀을 가감(加減)하지 말라

텍스트에 대한 논란은(본문비평) 주로 신약 성경이 그 대상이 되고 있다. 구약 시대에는 전문 필사자인 '서기관'이 존재했고 그들의 엄격한 규칙으로 사본의 논란이 신약 성경과는 비교할 수 없을 정도로 미미하기 때문이다. 그러나 신약 성경을 필사하는 과정이나 환경은 구약 성경과 다르다. 사도 바울의 서신서에서 그 원인을 찾아볼 수 있다.

"이 편지를 너희에게서 읽은 후에 라오디게아인의 교회에서도 읽게 하고 또 라오디게아로부터 오는 편지를 너희도 읽으라"(골 4:16)

성령으로 감동된 사도 바울의 편지가 어느 한 교회에 보관된 것이 아니라 여러 교회로 옮겨 다녔다는 것은 불을 보듯이 분명하다. 그리고 사도 바울의 서신을 다른 교회로 보내기 전에 영감된 그 원본을 필사했다는 것도 지극히 상식적인 현상일 것이다.

오늘날 사도 바울이 어떤 교회에게 편지를 보냈다고 상상해보자. 전 성도들이 그 편지를 복사해서 보았을 것이다. 그런데 복사기가 없는 시대 라면 어찌하겠는가? 한 사람이 원본을 필사하고 필사본을 또 다른 사람이 필사하는 일이 일어나지 않겠는가? 그런데 초대교회 시대에는 구약 시대 처럼 전문 서기관들이 있었던 것도 아니고 그렇다고 마소라 학파들처럼 엄격한 규칙이 있는 시대도 아니었다.

바로 이것이 지금까지 발견된 5,800개 정도의 사본이 발견되었어도 100% 동일한 두 개의 사본이 존재하지 않는 이유라고 할 수 있다(『신약 성서 사본과 정경』, 침례신학 출판부). 그렇다고 해서 하나님께서 어떤 판본이 진짜라고 말씀하시지도 않으셨다. 그렇다면 다음과 같은 엄중한 말씀을 어떻게 이해해야 하는가?

"만일 누구든지 이것들 외에 더하면 하나님이 이 두루마리에 기록된 재앙들 을 그에게 더하실 것이요 만일 누구든지 이 두루마리의 예언의 말씀에서 제하여 버리면 하나님이 이 두루마리에 기록된 생명나무와 및 거룩한 성에 참여함을 제하여 버리시리라"(요 22:18-19)

사도 요한의 경고는 초대 교회시대의 '마르시온'(마르키온)과 절묘하게 부합되고 있다. '마르시온'은 사도 요한의 제자로 알려진 폴리갑이 그를 향하여 세상에 나온 사탄의 장자로 부를 만큼 치명적인 이단이었으며(The

Catholic Encyclopedia, 2012) 터툴리안의 평가도 비슷했다(Tertullian, Against Marcion 1. Chap. 1).

그런데 아이러니컬하게도 신약의 정경화 작업의 시작은 마르시온이 처음 시도한 일이었다. 그는 신약 성경에서 누가복음과 바울 서신서만을 추려서 마르시온 신약 성경을 만들었는데 누가복음도 1장과 2장을 삭제시킨 성경이었다(The Catholic Encyclopedia, 2012). 구약 전체와 다른 복음서와 요한 계시록을 비롯한 사도 요한의 서신서는 제외시켰다.

그는 사랑의 하나님이 참된 하나님이며 진노의 하나님은 열등한 하나님으로 구별하여 자신이 만든 신관에 따라 정경 목록을 만들어 내었다. 이러한 사악한 교리와 이단성 때문에 초대 교회는 정경화 작업을 서두를 수밖에 없었다. 이것 역시 하나님의 섭리이다. 그러므로 두루마리에 기록된 말씀을 삭제하거나 첨가한다는 것은 바로 이러한 마르시온과 같은 이단적인 행위를 의미하는 것이지 사본의 다양성과 번역의 한계를 의미하는 것으로 보면 큰 난관에 봉착하게 된다.

[사도 요한은 밧모섬에서 풀려난 이후 에베소 교회에서 생을 마감한 것으로 알려져 있다. 그가 머물렀다고 전해지는 밧모섬 동굴 위에 후대 사람들이 수도원을 세웠다. 사람들 내면에 무엇이 도사리고 있는지 알 수 있는 부분이다/istockphoto.com]

6. 사본(寫本)의 다양성과 번역(飜譯)의 한계

킹제임스 성경을 변호했던 '에드워드 힐스'도 번역의 한계가 있음을 감추지 않았다.

"편집자 에라스무스는 인쇄업자인 바젤의 프로벨과 약정한 마감 시한을 맞추기 위해 자신의 일을 너무 서둘렀다. 그 때문에 이 초판은 사소한 종류의 오류를 많이 포함하고 있었다. 그 오류들 가운데 일부는 이후의 판들에도 존재했다"(『킹제임스 성경 변호』, p105)

"인쇄는 1515년 10월 2일에 시작되었고, 아주 짧은 시간 내에(1516년 3월 1일) 전체 판이 끝났고, 약 1,000쪽에 달하는 큰 2절판 책은 에라스무스 자신이 후에 선언한 것과 같이 편집되었다기보다 오히려 재촉되었다. 출판을 서둘렀기 때문에 책은 수백 군데의 오식을 갖게 되었다. 사실 스크리브너가 언젠가 '이것은 내가 아는 가장 나쁜 책이다'라고 말하였다. 에라스무스는 전부 헬라어로 된 사본을 찾지 못하였으므로 신약의 여러 부분에 대해 몇몇 사본을 사용했다"[11]

킹제임스 성경은 에라스무스 3판, 스테파누스 3판과 4판, 베자 5판을 저본(底本)으로 삼은 것으로 알려져 있다. 그런데 힐스는 스크리브너의 글을 인용하여 이 세 종류의 저본(底本) 자체가 동일하지 않음을 밝히고 있다.

---

11) 브루스 M. 메쯔거, 사본학, 강유중, 장국원 역(서울: 기독교문서선교회, 1999) p123-124.
F.HA. Scrivener, A plain Introduction to the Criticisim of the New Testamnnt, 4th. ed., ii(London, 1894), p185.

"스크리브너에 따르면 영어 표현에 충분히 영향을 줄 수 있는 이런 출처들에서 나온 252개의 구절 가운데 킹제임스 성경은 스테파누스의 판이 아닌 베자의 판과 113번 일치하며, 59번은 베자의 판이 아닌 스테파누스의 판과 일치하고, 80번은 에라스무스나 컴플루텐시안 성경 혹은 라틴 벌게이트와 일치하며 베자와 스테파누스의 판과는 일치하지 않는다"(『킹제임스 성경 변호』,p217)

킹제임스 성경이 에라스무스 판을 최종 기준으로 삼으면 나머지 스테파누스와 베자 판과 다르고, 스테파누스 판을 최종 기준으로 삼으면 에라스무스와 베자 판과 다르며, 베자 판을 최종 기준으로 삼으며 에라스무스와 스테파누스 판과 다르게 된다.

그러나 그리스도인들에게는 에라스무스 판도 완전한 하나님의 말씀이요 스테파누스 판도 완전한 하나님의 말씀이며 베자 판도 완전한 하나님의 말씀이다. 또한 거기서 번역된 킹제임스 성경도 완전한 하나님의 말씀이다.

마찬가지로 TR 계열의 이전 번역본들도 모두 완전한 하나님의 말씀이다. 그러나 이 완전함을 문자의 완벽함으로 이해하면 큰 문제가 생긴다.

예를 들어 문자의 완전성을 기준으로 보자. 에라스무스 판을 기준으로 삼으면 다른 성경들은 말씀을 첨가하거나 삭제된 성경이 된다. 그렇다면 스테파누스와 베자가 재앙을 받을 사람들인가? 사람들이 쉽게 결론 내리고 싶어 하는 '완전'이란 의미는 사본이나 번역본에서는 의미가 다르다는 것을 알 수 있다.

그래서 킹제임스 성경 번역자들은 서문과 난외주를 통해 완전한 번역이 불가능함을 숨기지 않았던 것이다. 힐스도 스크리브너의 자료를 그대로 인용하여 이러한 현상이 어쩔 수 없는 것임을 인정하고 있다.

"스크리브너는 구약 성경의 난외주들 가운데 4,111개는 히브리어나 아람어 본문의 문자적인 의미를 더욱 풍부하게 제공해 주며 2,156개는 다르게 번역할 수 있는 부분들의 예이며, 67개는 이문들이라고 말한다. 또한 신약 성경의 난외주들 중에 112개는 그리스어의 문자적 표현을 제공해 주며 582개는 다르게 번역할 수 있는 부분의 예들이며 37개는 이문들이다"(『킹제임스 성경 변호』 p213)

사본학에서 '이문'(異文)이란 뜻은 사본들 사이에서 존재하는 다른 표현을 의미한다. 그 의미는 곧 킹제임스 성경이 저본(底本)으로 삼은 에라스무스 판과 스테파누스 판과 베자 판 사이에 차이가 있다는 뜻이다. 그러나 이러한 차이는 마르시온의 신약 성경처럼 의도적으로 자신의 교리를 만들기 위해 성경을 삭제하거나 변경한 것과는 다른 것이다. 그래서 킹제임스 성경을 변호하는 힐스조차도 다음과 같은 글을 남긴 것이다.

"난외주들이 가리키는 것처럼 킹제임스 성경 번역자들은 자신들의 작품을 완전하거나 영감을 받은 것으로 간주하지 않았다. 단지 그들은 그것이 하나님의 거룩한 말씀들을 신뢰할 만하게 재현한 것으로 여겼고 그리스도인들 독자들에게도 그렇게 추천했다"(『킹제임스 성경 변호』p. 214)

그러므로 '율법의 일점일획'이란 의미를 어떤 특정 번역본을 지지하기 위한 방편으로 삼는다면 그것이야말로 기록된 재앙을 자초하는 일이다. 예수님은 그런 뜻으로 말씀하지도 않았고 사도 요한도 그런 의미로 경고한 것도 아니기 때문이다.

[원어를 필사하는 일은 미련한 것처럼 보이지만 하나님은 연약한 사람들의 손길을 통해 오늘날까지 하나님의 말씀을 보존해 오셨다. 심지어 이문(異文)까지도 하나님의 보존의 섭리 속에서 사용하신 것이다. 이것이 기적이 아니면 무엇이 기적이란 말인가?/haaretz.com/kyc3338.tistory.com]

6

1611년 KJV
번역의 한계

제6부 1611년 KJV 번역의 한계

공기가 사람에게 절대적으로 필요하다고 해서 공기를 우리 폐 속에 가둘 수는 없다. 불이 사람에게 절대적으로 필요하다고 해서 불을 손에 쥘 수는 없다. 완전한 것이 절대적으로 필요하다고 해서 완전하신 하나님을 문자 안에 가둘 수는 없다.

시내 산에서 울려 퍼지는 하나님의 천둥 같은 목소리를 문자가 모두 담을 수는 없다. 그래서 문자의 한계는 자연스러운 것이다. 문자 너머에 계신 완전한 하나님을 바라보라는 뜻이다.

[만일 모세가 첫 번째 돌판을 깨뜨리지 않았다면 이스라엘 백성들은 그 돌판에 새겨진 문자를 하나님처럼 숭배했을 것이다. 그래서 법궤 안에 들어간 돌판은 두 번째 돌판이다. 돌판에 새겨진 글자가 하나님이 아닌 것을 온 백성들이 알았을 것이다/theguardian.com/sheennet.co.kr]

1. 번역의 한계가 있을 수밖에 없는 이유

번역에 있어서 '완전한 번역'이란 말이 없는 것은 '완전'이란 기준 자체가 없기 때문이다. 사람의 언어를 나누신 분은 다름 아닌 하나님이다.

"우리가 내려가서 거기서 그들의 언어를 혼잡하게 하여 그들이 서로 알아듣지 못하게 하자"(창 11:7)

그러므로 언어의 장벽은 부끄러운 것이 아니라 당연한 것이다. 하나님께서 그렇게 만들었기 때문이다. 히브리어로 기록된 구약 성경과 헬라어로 기록된 신약 성경으로부터 이제는 수많은 나라의 언어로 번역되어 있다. 이것은 예수님이 제자들에게 주신 명령이 여전히 진행 중에 있음도 의미한다.

"너희는 가서 모든 민족들을 가르치고 아버지와 아들과 성령의 이름으로 그들에게 침례를 주며 무엇이든지 내가 너희에게 명령한 모든 것을 그들에게 가르쳐 지키게 하라"(마 28:19)

그럼에도 불구하고 여전히 언어의 장벽은 완전히 극복될 수 없다. 킹제임스 성경도 마찬가지이다. 그 이유는 히브리어와 헬라어와 영어는 근본적으로 다른 언어이기 때문이다. 그 이유는 다음과 같다.[12]

1) 히브리어는 자음 22글자로 구성된 문자이다.

영어는 자음과 모음을 합쳐서 총 26글자이다. 그러나 히브리어에는 모음이 없다. 모음은 기호로만 존재할 뿐 글자 안에 포함되지 않는다.

---

12) 와인그린, 『구약성서 히브리어 완성』, 김재관 역 (서울: 기독교문서선교회, 1999)

예를 들면 시편 119편은 히브리어 자음 22글자를 이용하여 순서대로 만든 성경이다.

1절 첫 단어는 א(알렙), 9절 첫 단어는 ב(벧), 17절 첫 단어는 ג(기멜)로 시작된다. 번역이 불가능한 영역이다. 이것을 영어로 번역하게 되면 글자의 순서와 운율이 모두 파괴되고 만다. 이것은 한국의 3.4조 운율의 시조를 영어로 번역하는 것과 비슷하다. 그러므로 번역본의 한계는 당연한 것이다.

2) 히브리어는 정관사(the)는 있지만 부정관사(a, an)가 없다.

히브리어는 한국어와 비슷하다. 부정관사가 없다. 부정관사가 없다는 것은 단수, 복수의 의미가 명확하지 않다는 뜻이다. 그러나 영어는 정관사와 부정관사의 구별이 중요하다. 단수와 복수를 구별해주기 때문이다. 이와 같이 번역본에는 각 나라마다 문법적인 특성이 존재할 수밖에 없다. 그 나라의 문법에 맞게 번역하는 것은 지극히 당연한 일이다.

3) 히브리어는 대문자 소문자 구별이 없다.

그러나 영어는 대문자와 소문자 구별이 중요하다. 영어에서 'God'과 'god'은 정반대의 인격체이다. 'God'은 창조주 하나님이고 'god'는 피조된 신을 의미한다. 히브리어에서 '엘로힘'은 오직 하나님에게만 사용되는 단어가 아니라 다른 신(왕하 1:2)을 지칭할 때도 사용하는 단어이다. 이 구분은 문장 안에서 번역자들이 분별해야 한다. 그런데 아직까지도 동일한 킹제임스 성경을 출판하는 출판사마다 대소문자가 일치되지 않고 있다. 특히 성령(Spirit)과 영(spirit)이 일치되지 않고 있다. 매우 난감한 문제가 아닐 수 없다(예를 들면, 사도행전 11:12, 사도행전 11:28, 요한일서 5:8).

4) 히브리어는 'be' 동사가 없다.

영어는 'be' 동사 없이는 문장이 구성되지 않는다. 그래서 킹제임스 성경에는 수많은 'be' 동사가 '이탤릭체'로 되어 있다. 킹제임스 성경에 나오는 이탤릭체는 히브리 마소라 성경과 TR에는 그 단어가 존재하지 않는다는 의미이다.

5) 히브리어는 소유(have) 동사가 없다.

'나는 책을 가지고 있다'는 표현은 한국어나 영어에는 있지만 히브리어에는 존재하지 않는 표현이다. '책이 나에게 속해 있다'(belong to)는 표현 밖에는 없다. 그래서 '속하다'는 의미는 성경에서 매우 중요한 개념이다. 번역자들은 그 나라 사람들이 이해하는 문법이나 문맥에 맞게 번역할 수 밖에 없었을 것이다.

6) 히브리어는 동사의 종류가 완료형과 미완료형 밖에 없다.

그러나 영어에는 과거, 현재, 미래를 포함해서 많은 종류의 시제가 존재한다. 그러나 히브리어에는 현재 시제라는 개념이 없다. 동사의 시제도 영어와는 개념이 다르다. 히브리어는 동작이나 상황이 완료되면 완료형을, 동작이 계속되면 미완료형을 사용한다. 그렇다고 해서 반드시 그런 의미로 해석되는 것도 아니다. 영어로 번역할 때는 '과거형'과 '미래형'으로 번역할 수밖에 없지만 같은 의미가 전혀 아니다.

7) 히브리어는 접속사가 하나밖에 없다.

그 하나가 'and'(그리고)도 되고 'but'(그러나)도 되고 'therefore'(그러므로)도 된다. 번역자는 그 나라 사람들이 이해하는 문법이나 문맥에 맞게 번역할 수밖에 없다.

8) 성경에 나오는 히브리어 단어는 현대인이 사용하는 단어보다 적다.

창세기는 약 3,500년 전에 모세가 기록한 성경이다. 고대로 올라가면 올라갈수록 단어의 수가 적을 수밖에 없다. 이것은 헬라어도 마찬가지이다. 그래서 단어 하나에 다양한 의미를 담고 있다. 번역자는 이 중에 하나만을 선택해서 번역할 수밖에 없다. 그래서 킹제임스 번역자들이 난외주를 만들어 자신들이 번역한 단어 외에 다른 의미도 있다는 것을 정직하게 인정하였다.

그래서 킹제임스 번역자들이 난외주를 만들어 원어와 다르게 번역한 경우에는 십자가 표식을(†), 번역된 단어 외에 또 다른 의미가 있을 경우에는 단락 표식을(‖) 만들었다.

2. 동사의 차이로 인한 번역의 한계

אהיה אשר אהיה – 마소라 구약성경
"I AM THAT I AM"(출 3:14) – KJV
"나는 스스로 있는 자이니라"(출 3:14) – 개역개정
"나는 곧 스스로 있는 자니라"(출 3:14) – 흠정역

그런데 출애굽기 3장 14절을 유대인들은 다음과 같이 영어로 번역

했다. 참고로 유대인들이 영어로 번역한 성경은 크게 세 종류가 있다. CJB(Compete Jewish Bible, 1998), JPS(Jewish Publication Society, 1917), TNK(TANAKH, 1985)이다.

"Ehyeh Asher Ehyeh[I am/will be what I am/will be]"(Exo3:14-CJB)

"Ehyeh-Asher-Ehyeh"(Exo 3:14-TNK)

유대 영어 번역본은 이 구절을 번역하지 않고 영어로 음역하였다. 한국어로 음역하면 "에흐예 아세르 에흐예"(אהיה אשר אהיה)이다. 다만 괄호를 만들어 이해를 돕고 있다[I am/will be what I am/will be]. 이것은 번역이 불가능하다는 뜻이다. 이미 위에서 언급했듯이 히브리어는 영어의 '현재 시제'나 'be' 동사가 없다.

마소라 성경의 나오는 '에흐예'는 '하야'(존재하다)라는 동사의 미완료형이다. 영어로 직역하면 'I will be what I will be'가 맞다. 그러나 아무리 영어에 능통해도 'I will be what I will be'를 어떻게 이해하겠는가? 억지로 이해한다 해도 '하나님께서 존재할 것이다'라는 말은 논리적으로 맞질 않는다. 그래서 원어에 최대한 근접하게 번역한 구절이 'I AM THAT I AM'이다. 그러나 영어의 'AM'으로는 히브리어의 '에흐예'를 표현하기에는 역부족이다. 히브리어로는 '전에도 있었고 지금도 있고 앞으로도 계속해서 존재할 것이다'는 의미이기 때문이다. 거기서 나온 축약된 이름이 바로 '여호와'이다. 하나님은 모세에게 그렇게 알려 주셨다.

"하나님이 모세에게 말씀하여 이르시되 나는 여호와이니라. 내가 아브라함과

이삭과 야곱에게 전능의 하나님으로 나타났으나 나의 이름을 여호와로는 알리지 아니하였고…"(출 6:2-3)

자음만으로 기록된 '여호와'   모음 기호가 있는 '여호와'

[유대인들은 어느 쪽이든지 '아도나이'(나의 주님)라고 발음한다. 그런데 마소라 학파는 발음 기호를 망가뜨려 '여호와'[13]로 발음할 수 없게 만들었다. 그래서 오른쪽 글자는 발음할 수 없는 글자이다. 발음을 할 수 없게 만들어 하나님의 이름이 손상되는 것을 막으려는 의도인 것이다.]

영어를 사용하고 있는 유대인들조차도 이 구절을 정확하게 번역할 수가 없었기 때문에 그대로 음역한 것이다. 영어 킹제임스 성경을 한국어로 번역하면 '나는 곧 나이다'가 정직한 번역이다. '스스로'라는 단어는 첨가된 것이다.

그럼에도 불구하고 '스스로'라는 단어가 첨가된 이면을 이해할 필요가 있다. 모세는 이집트에서 수많은 신(神)들을 보았을 것이다. 모두 사람들이 만든 신(神)이다. 그러나 하나님은 누구에 의해 만들어진 신(神)이 아니며 어떤 신전 안에 숭배받는 신(神)도 아닌 영원부터 영원까지 홀로 존재하시는 하나님이시다. 그 의미가 바로 '에흐예 아세르 에흐예'이다. 이것을 어떻게 번역한단 말인가? 그럼에도 불구하고 개역성경의 번역자들은 '스스로'라는 부사를 첨가함으로써 참으로 오묘한 하나님의 이름을 잘 드러내고

13) Hebrew Old Testament, (London: Trinitarian Bible Society, 1894)

있다. 그러나 '스스로'라는 단어는 원어에도 없고 킹제임스 성경에도 없는 단어이다.

그러므로 번역 기법에 있어서 차이는 있을지라도 완전한 문자 대 문자의 대응 번역은 불가능한 일이다.

3. 지리적 한계로 인한 번역의 한계

성막의 덮개는 4종류가 있다. 첫 번째 고운 '세마포', 두 번째는 '염소털'로 만든 휘장, 세 번째는 붉게 물들인 '숫양의 가죽'이다. 모두 예수님을 상징하는 것들이다. 이 영적인 의미들은 쉽게 이해할 수 있다. 그런데 네 번째가 문제이다. 번역본마다 다를 뿐 아니라 어떠한 영적인 의미가 담긴 것인지 이해할 수 없기 때문이다.

1. TR계열의 영어 번역본들도 서로 다르다

"…ad yet another above all of taxus skynnes"(출 26:14)

– (틴데일 성경/1534 – 타쿠스 가죽)

".. and a covering of badgers skinnes above"(출 26:14)

– (제네바 성경/1599 – 오소리 가죽)

"and a covering above of badgers' skins"(출 26:14)

- (킹제임스 성경/1611 – 오소리 가죽)

2. 유대 영어 번역본들도 서로 다르다

"and a covering of seal skins above"(출 26:14 Jewish Publication Society, 1917) – (JPS/1917 - 물개 가죽)

"and a covering of dolphin skins above"(출 26:14 JPS Tanakh, 1985) – (TNK/1985 - 돌고래 가죽)

"and an outer covering of fine leather"(출 26:14 Complete Jewish Bible, 1998) – (CJB/1998 - 고운 가죽)

3. 한국어 번역본들도 서로 다르다

"붉은 물 들인 숫양의 가죽으로 막의 덮개를 만들고 해달의 가죽으로 그 윗덮개를 만들지니라"(출 26:14) – 개역개정

"너는 붉게 물들인 숫양의 가죽으로 장막의 덮개를 만들고 오소리 가죽으로 그 위에 덮개를 만들지니라"(출 26:14) – 흠정역

개역성경에는 '해달'로 번역되어 있고(출 26:14) 흠정역(KJV)에는 '오소리'로 번역되어 있다. 완전히 다른 영역에서 사는 동물들이다. 그렇다면 어떤 번역이 원어에 가까운 번역일까? 해달은 수중 동물이고 오소리는 육지 동물이다. 어찌하여 이렇게 큰 차이가 있는 것일까? 둘 다 한계가 있지만 '오소리 가죽'은 더 심각한 문제가 있다. 왜냐하면 흠정역에는 족제비과 동물은 모두 부정한 동물로 번역되어 있기 때문이다.

하나님은 광야에서 이스라엘 백성들이 먹어서는 안 되는 동물들을 레위기 11장에서 분명하게 말씀하셨다. 굽이 갈라지지 않은 동물이나 되새김질을 하지 못한 육지 동물은 부정하기 때문에 만져서도 안 되었다.

[굽이 갈라지고 되새김질 할 수 있는 양이나 염소와 다르게 오소리는 굽이 갈라지지 않았기 때문에 만져서도 안 되는 동물이다(레 11:1-8)/pixels.com]

"너희는 이러한 고기를 먹지 말고 그 주검도 만지지 말라. 이것들은 너희에게 부정하니라"(레 11:8)

"너희에게 부정한 것은 이러하니 곧 족제비(weasel)와 쥐와 거북이 종류와 흰족제비(ferret)와..."(레 11:29-30) - 흠정역

족제비과 동물이 부정한 이유는 레위기 11장에 자세히 나와 있다. 발굽이 갈라져 있지 않거나 되새김질하지 못하면 그 고기는 물론이거니와 그 사체를 만져서도 안 된다. 이것은 하나님께서 광야에 있는 이스라엘 백성들에게 주신 명령이다.

양이나 염소나 소는 초식동물이기 때문에 되새김질을 한다. 그리고 발굽이 갈라져 있기 때문에 정결한 기준에 부합한 동물이다. 그러나 족제비과 동물은 정결한 동물의 기준에 단 하나도 부합되지 않는다. 그 이유를 정리하면 다음과 같다.

첫째, 족제비과 동물은 초식동물이 아니다.

둘째, 족제비과 동물은 되새김질을 하지 않는다. 초식동물이 아니기 때문이다.

셋째, 족제비과 동물은 소나 양처럼 갈라진 발굽이 아니라 날카로운 갈퀴 발이다. 땅을 파기에 적합하게 되어 있다. 족제비과에 속한 오소리는 야행성으로 닥치는 대로 잡아먹는 잡식성 동물이다. 실제로 오소리는 뱀까지 잡아먹는 매우 거친 동물이다.

[오소리의 그 어떤 특징도 예수님의 성품이나 속성과 거리가 멀다. 오소리를 통해서 정결한 성품의 교훈을 찾는 것이 불가능하다. 왜 오소리 가죽이 성막을 덮는 가죽이 되며 하나님의 거룩한 법궤를 덮는 가죽이 되는지 설명할 수가 없다/wordpress.com/genius.com]

그런데 히브리 마소라 성경에는 이 단어가 '타하쉬'로 되어 있는데 영어로는 '타카쉬'로 발음되기도 한다. '벤 하임'을 '벤 카임'으로 발음하는 것과 비슷하다. 이 단어는 약 900년 후에 에스겔을 통해 한 번 더 사용된다. 유대 영문 번역본인 '타나크'(TNK)에서는 이 단어를 '타하쉬'로 음역했다.

"...and gave you sandals of tahash-leather to wear, and wound fine linen about your head, and dressed you in silks".(에스겔 16:10/TNK)

"수 놓은 옷을 입히고 물돼지 가죽신을 신기고 가는 베로 두르고 모시로 덧입히고"(겔 16:10) - 개역개정

"또 너를 수놓은 것으로 옷 입히며 오소리 가죽신을 신기고 고운 아마포로 너를 두르며 비단으로 너를 덮어 주고"(겔 16:10) - 흠정역

개역 성경은 '타하쉬'를 '물돼지 가죽'이라고 번역했고 흠정역은 '오소리 가죽'으로 번역했다. 그런데 히브리어로 '타하쉬 가죽'은 성막이 이동할 때 법궤를 덮었던 거룩한 가죽이었다(민 4:5-6). 에스겔 16장에는 하나님이 '타하쉬' 가죽으로 백성들의 가죽신을 만들어 주셨음을 밝혀주고 있다. 주께서 얼마나 그들을 사랑하셨으면 가장 거룩한 법궤를 덮은 가죽으로 가장 더러운 발을 덮었단 말인가?

[하나님은 가장 거룩한 법궤를 덮는 동일한 '타하쉬' 가죽으로 백성들의 가장 더러운 발을 덮으셨다. 광야에서 이스라엘을 얼마나 사랑하셨는지 '타하쉬' 가죽으로 표현하신 것이다/ fingerofthomas.org/natmus.dk]

그런데 그 가죽이 '오소리 가죽'이라면 끔찍한 일이 벌어지고 만다. 부정한 것에 접촉하지 말라고 명하신 하나님께서 부정한 오소리 가죽으로 백성들을 더럽힌 장본인이 되기 때문이다. 하나님의 명령에 심각한 모순이 일어

나게 된다.

그런데 '타하쉬'는 육상 동물이 아니라 수중 동물이다. 수중 동물이 메마른 광야에 살았을 리가 없다. 킹제임스 성경 번역자들이 이 부분을 오해했음이 틀림없다. 광야에서 세워진 성막의 재료가 어떻게 수중 동물의 가죽이 될 수 있느냐는 것이다. 그러나 성막의 재료들은 광야에서 만든 것이 아니라 모두 이집트에서 가져온 것들이다. 하나님께서 그렇게 명하셨다.

"주께서 이집트 사람들의 눈앞에서 백성에게 호의를 베푸사 그들이 요구하는 것들을 그들이 빌려 주게 하셨으므로 그들이 이집트 사람들을 노략하였더라" (출 12:36) – 흠정역

"너희가 그들에게서 취할 헌물은 이러하니 곧 금과 은과 놋과 청색과 자주색과 주홍색 실과 고운 아마와 염소 털과 붉게 물들인 숫양 가죽과 오소리 가죽과 시팀 나무와... 보석이니라"(출 25:2-7) – 흠정역

"이스라엘 자손에게 명령하여 내게 예물을 가져오라... 너희가 그들에게 받을 예물은 이러하니... 붉은 물 들은 숫양의 가죽과 해달의 가죽과... 보석이니라" (출 25:1-7) – 개역성경

히브리어로 '타하쉬'는 오늘날 '바다소'(sea cow)를 의미한다. 이 동물 은 '해달'도 아니고 '오소리'는 더더욱 아니다. 다음은 '오소리'에 관한 '이스턴 성경 사전'(Easton's Bible Dictionary)을 요약했다. 킹제임스 성경 번역자들이 히브리어인 '타하쉬'를 라틴어인 '다쿠스'(오소리)와 혼동 했다는 것이다(전체는 영어를 참조하기 바란다).

"번역자들이 히브리어 '타카쉬'의 발음과 비슷한 라틴어의 '오소리'인 '타쿠스'와 혼동했었던 것 같다… 시나이 반도의 아랍인들은 '투카쉬'라는 이름을 홍해에 널리 서식하고 있는 '물개'나 '듀공'에게 적용하고 있다. 그리고 '투카쉬' 가죽은 '신발'을 만들기 위한 가죽으로 광범위하게 사용되었다. 이 동물은 12-13피트(3.5-4.5m)까지 자라며 해초류만 먹는 초식 동물로 얕은 물에서 살기 때문에 사람들에게 쉽게 잡혔다"

'바다소'(sea cow)는 따뜻한 이집트 홍해에 서식하므로 당시 유럽인들이 이 동물의 이름을 쉽게 알 수 없었던 것이다. 마찬가지로 요단강을 건너 가나안 땅으로 들어간 유대인들도 이 동물을 눈으로 볼 수 없었을 것이다. 바다소는 이스라엘이 아닌 따뜻한 홍해에서 서식하기 때문이다. 그래서 어쩔 수 없는 오역이 일어난 것으로 보인다. 그리고 '바다소'(sea cow)는 정결한 짐승의 기준에 완벽하게 부합되고 있다(레위기 11:1-47 참조).

첫째, 바다소는 해초류만 먹는 초식동물이다. 희생제물 중에 부정한 동물은 없다. 성소 안에 접근조차 할 수도 없다. 레위기 10장에는 성소 안에서 대제사장 아론의 두 아들 나답과 아비후의 죽음이 기록되어 있다. 하나님께서 명하시지 않은 부정한 불을 피웠기 때문이다. 그렇다면 제사장도 예외가 아닐진대 정결한 짐승의 가죽이 아닌 부정한 동물의 가죽으로 성소를 덮었다는 일이 가능한 일이겠는가?

둘째, 바다소는 바다에 살지만 포유동물이다. 그래서 비늘이 아닌 가죽으로 덮여 있다. 물속에 살기 때문에 소처럼 발굽도 없고 되새김질도 하지 않지만 정결한 물고기의 기준에는 잘 부합된다. 지느러미가 있기 때문이다.

바다소는 '육지 동물'과 '수중 동물'이 갖추어야 할 정결한 기준을 하나씩 가지고 있다. 바로 '초식'을 하는 것과 '지느러미'가 있다는 것이다 (레 11:1-11).

그래서 하나님은 성막이 이동할 때 가장 정결한 가죽인 '타하쉬' 가죽으로 '법궤'와 '등잔대'와 '진설병 상'과 '향단'을 덮도록 하셨던 것이다 (민수기 4:1-20).

유대 번역본 중의 하나인 '컴플릿 쥬이쉬 바이블'(CJB)은 '고운 가죽(fine leather)'으로 번역되어 있다(Complete Jewish Bible, 에스겔 16:10). '월드 메시아닉 바이블'(World Messianic Bible)에서는 바다소(sea cow)로 번역되어 있다. 1984년 판인 'NIV'에도 '바다소(sea cow)' 가죽으로 번역되어 있다.

"and an outer covering of fine leather"(출 26:14 CJB) - 고운 가죽

"...and a covering of sea cow hides above"(출 26:14 WMB)

"Make for the tent a covering of ram skins dyed red, and over that a covering of hides of sea cows"(출 26:14 NIV-1984년) - 바다소 가죽

이 구절만큼은 'CJB'와 'WMB'와 'NIV'가 원어에 더 가깝게 번역되어 있다는 것을 알 수 있다. 어떤 부분은 미천하다고 생각하는 번역본이 더 정확한 의미를 보여줄 때도 있는 것이다.

그런데 만일 성소의 덮개가 오소리 가죽이라면 제사장들은 날마다 부정하고 하나님의 거룩한 성소는 가장 더러운 장소가 되고 만다.

[해초류만 먹는 바다소. 성품이 온순하며 값비싼 가죽 때문에 멸종 위기에 처한 보호종이다. 지금도 이집트 홍해에는 바다소가 서식하고 있다]

틴데일은 마소라 성경에 있는 '타하쉬'(또는 타카쉬)를 '타쿠스'(taxus)로 음역했다. 당시 영국인이었던 틴데일이 이 동물을 정확하게 알 수가 없었기 때문일 것이다.

틴데일 뿐만 아니라 그 이후에 번역된 모든 성경이 '타쿠스'로 음역했다. 매튜 성경(1537년)도 '타쿠스'(taxus), 그레이트 성경(1539년)도 '타쿠스'(taxus), 비숍 성경(1568년)은 '타루스'(Tarus)로 되어 있다 (모두 원어를 음역한 단어들이다).

"…ad yet another above all of taxus skynnes"(출 26:14)/(틴데일 성경/1534 – 타쿠스 가죽)

그런데 공교롭게도 '타쿠스'(taxus)는 라틴어로 '오소리'란 뜻이다. 히브리어로 타하쉬(타카쉬)와 라틴어 발음이 비슷한 것이 문제였던 셈이다. 옥스퍼드 사전은 이것을 잘 증명해주고 있다.

"타쿠스는 중세 라틴어로 오소리다. 이전에 가끔씩 영어로 사용되었다"

(Taxus= Mediaeval Latin name of the badger: formerly sometimes used in English)

이 '오소리'(badger)란 단어는 제네바 바이블에 처음 나타나기 시작하였다(1599년판). 킹제임스 성경 번역자들은 이 단어를 그대로 사용했다. 그들이 이미 성경 표지에서 선언한 대로 '이전 역본들을 부지런히 비교하고 수정하여 번역한 결과'인 셈이다.

이와 같이 뛰어난 번역본도 지리적인 한계는 어쩔 수 없는 것이다. 오늘날처럼 정확한 정보를 얻을 수 없는 시대였기 때문이다. 그렇다고 할지라도 킹제임스 성경이 오류 있는 하나님의 말씀이라고 말하지 않는다. 오역과 하나님의 말씀의 오류는 전혀 다른 의미이기 때문이다.

> together withall. And made ouer ẙ tent a
> couerynge of reed skynnes of rammes, and
> ouer that a couerynge of Doo skynnes

> ⸿ pourged thy bloude from the. I anoynted
> the with oyle, I gaue the chaunge of raymentes,
> I made the shues of Taxus lether: I gyrthed
> ẙ aboute with white sylcke, I clothed the with

[커버데일 성경(1535년) 출애굽기 26:14절에는 'Doo skynnes'으로 번역했지만 무엇을 의미하는지 알 수가 없다. 그런데 같은 성경 에스겔 16장 10절에는 틴데일 성경과 동일하게 '타쿠스 가죽'(Taxus lether)로 음역했다. 히브리 마소라 성경은 모두 동일한 단어인 '타하쉬(타카쉬)'이다.]

4. 1611년 초판을 제대로 살피지 않아서 생긴 끔찍한 해석의 오해

성경 어디에도 하나님의 말씀을 특정 번역본으로 보존하시겠다는 약속이 없다. 그런데도 킹제임스 성경 유일주의자들은 그 근거로 시편 12편 6-7절을 인용하는 경우가 많다.

"주의 말씀들은 순수한 말씀들이니 흙 도가니에서 정제하여 일곱 번 순수하게 만든 은 같도다. 오 주여, 주께서 그것들을 지키시며 주께서 그것들을 이 세대로부터 영원히 보존하시리이다"(시 12:6-7) - 흠정역
"여호와의 말씀은 순결함이여 흙 도가니에 일곱 번 단련한 은 같도다. 여호와여 그들을 지키사 이 세대로부터 영원까지 보존하시리이다"(시 12:6-7) - 개역성경

그런데 두 번역본은 보존의 대상이 다르다. 흠정역은 '말씀'을 보존하겠다는 의미로 번역했다. 그러나 개역성경은 '사람들을' 보존하신다는 의미로 번역했다. 어떻게 해서 이런 일이 벌어지고 있는 것일까? 킹제임스 성경에 권위 있는 '웨이트 박사'는 이 구절에 대해 다음과 같이 말했다.

"7절의 단어 '그것들은' 그 앞의 '주의 말씀들'을 가리킨다. 이것은 성경 보존에 대한 약속이다. 하나님께서는 자신의 '순수한 말씀들(단어들)을 보존할 것을 약속하셨다"(『킹제임스 성경 4중 우수성』, p5)

과연 이 결론이 타당한 것일까? 그러나 웨이트 박사의 주장은 킹제임스 성경 번역자들과 정면으로 배치되고 있다.

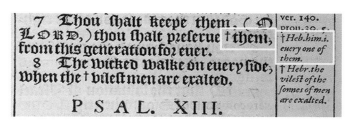

[1611년 초판, 시편 12편 7절 옆에 있는 난외주]

킹제임스 번역자들은 난외주에 '†Heb. Him. i. every one of them' 이라고 기록했다. 번역자들은 시편 12편 7절에 나오는 'them'이 히브리어로는 '사람'을 의미하는 것임을 밝혀주고 있다. 이것은 원어로도 증명된다.

시편 12편 6절에 나오는 '말씀(이므라)'은 히브리어로는 '여성 명사'이다. 7절에 보존하시겠다는 'them'은 히브리어로는 '남성 명사'이다.

히브리어에 능통했던 번역자들이 이것을 놓칠 리가 없다. 그래서 독자들이 혼동하지 않도록 난외주에 'them'의 정체를 분명하게 밝혀주었던 것이다.

어떤 사람들은 이것이 중의적인 표현이라고 말하지만 초판 번역자들은 오히려 그렇게 오해하지 않도록 난외주에 기록을 남긴 것이다.

킹제임스 성경 번역자들은 단어 안에 다른 의미가 있을 경우에는 칼럼 표식을 사용하여 다른 의미가 있음을 분명하게 밝혔다. 그런데 어찌하여 킹제임스 성경 유일주의자들은 시편 12편 6-7절을 '성경'을 보존하신다는 의미라고 주장하고 있는 것일까?

오히려 개역개정이 킹제임스 번역자들의 번역과 일치하고 있다. 시편 12편은 다윗의 시(詩)이다. 시편 12편의 내용을 살펴보면 다윗이 사울 왕으로부터 도피 중에 지은 것임을 한눈에 알 수 있다.

그래서 1절에 '경건한 자들이 끊어지며 충실한 자들이 인생 중에 없어지나이다'라고 한탄했던 것이다. 사울 왕은 도엑을 통해 놉 땅에 있었던 의로운 제사장 85명을 죽였다(삼상 22:18). 시편 12편의 배경을 충분히 이해할 수 있는 부분이다.

5절의 말씀을 보면 '가련한 자들의 눌림'과 '궁핍한 자들의 탄식'이 나온다. 그래서 하나님께서는 그들을 '안전지대에 두리라'고 약속하신 것이다.

6절은 바로 그 약속의 말씀을 의미한다. 그래서 7절에 나오는 말씀이 '경건한 자들'과 '충실한 자들'을 지키시겠다는 약속인 것이다. 그러므로 시편 12편은 성경을 보존하시겠다는 약속이 아니라 '경건한 자들'과 '충실한 자들'을 보존하시겠다는 약속의 말씀인 것이다.

1611년 킹제임스 성경 번역자들도 그렇게 번역한 근거를 난외주에서 밝히고 마소라 성경 자체로도 증명된다. 그렇다면 누구의 말을 더 신뢰해야 하는가? 킹제임스 성경을 번역했던 번역자들인가? 아니면 성경 출판업자들인가? 번역자들은 신뢰하는데 그들의 글은 신뢰할 수 없다고 말할 수 있는가? 그렇다면 그들이 번역한 성경은 어떻게 믿을 수 있는가? 이것은 마치 모세는 신뢰하지만 모세가 기록한 성경을 믿지 않는 모순과 비슷하다.

5. 원어를 잘못 이해함으로 오는 번역의 한계

킹제임스 성경 안에는 'grove'라는 단어가 있다. 현대 영어로는 '작은 숲'

을 의미하며 이방 민족들이 자신들이 섬기는 신(神)들을 존중하는 차원에서 심은 숲으로도 설명되고 있다. 오늘날 '그로브'(grove)라는 단어는 건물 앞에 잘 꾸며진 정원도 의미한다. 그래서 '가든'(garden)과 '그로브'(grove)를 합쳐서 '가든 그로브'라는 말로도 사용한다.

그런데 '옥스퍼드 사전'은 이 단어가 킹제임스 성경에서 오역임을 밝히고 있다. 히브리어로 '아세라' 여신 이름을 '그로브'로 잘못 번역했다는 것이다.

세상에 알려져 있듯이 '아세라'는 '바알'과 짝을 이루는 여신이다. 옥스퍼드 사전은 열왕기상 18장 19절을 예로 들었다.

"이세벨의 상에서 먹는 바알(Baal)의 대언자 사백오십 명과 작은 숲(groves)의 대언자 사백 명을 갈멜 산으로 모아 내게로 나오게 하소서"(왕상 18:19) – KJV/흠정역

"이세벨의 상에서 먹는 바알의 선지자 사백오십 명과 아세라의 선지자 사백명을 갈멜산으로 모아 내게로 나아오게 하소서"(왕상 18:19) – 개역개정

'커버데일 성경과 킹제임스 성경은 칠십인역과 라틴 불가타역을 좇아 오역된 것으로 보인다. 현재 히브리어로 아세라(Asherah)는 우상처럼 섬기는 기둥이나 여신 이름을 의미한다'

(In Eng. versions of the Bible, e.g. Coverdale's and the Authorized, an erroneous rendering, following the Septuagint and the Vulgate: a. of Heb. Ashērāh, which is now understood as the name of a goddess or of a pillar serving as an idol) - 옥스퍼드 사전

[이스라엘 역사에서 '바알과 아세라'는 한 쌍을 이루는 우상이다. 한국에도 있는 '천하대장군'과 '지하여장군' 장승과 비슷하다/answeringenesis.org/quora.com]

그런데 만일 '아세라'가 여신의 이름이 아닌 '숲'(grove)이라면 아브라함은 우상 숭배자가 되고 만다. 킹제임스 성경의 번역대로라고 한다면 아브라함은 하나님께서 가증하게 여기는 작은 숲도 심고 하나님도 섬기는 혼합 신앙자이다. 그럴 리가 있겠는가? 하나님께서 아브라함은 작은 숲을 심어도 괜찮고 이스라엘 백성들은 작은 숲을 심지 말라고 하셨을까?

"아브라함이 브엘세바에서 작은 숲(a grove)을 심고 거기서 주 곧 영존하시는 하나님의 이름을 불렀으며…"(창 21:33) - 흠정역

"네가 너를 위하여 만들 주 네 하나님 제단 가까이에 너는 어떤 나무로든 너를 위해 작은 숲(a grove)을 심지 말며…"(신 16:21) - 흠정역

[킹제임스 성경 초판 창세기 21장 33절 난외주에는 '또는 나무'(or, Tree)라고 되어 있다. 번역자들은 '숲'(grove)으로 번역했지만 '난외주'에서 '또는 나무'(Or, tree)라고 했다]

창세기 21장 33절에서 불가타 역본은 '숲'(nemus)으로 되어 있고 커버데일 성경은 '나무들'(trees)로 되어 있다. 그러나 히브리 마소라 성경에는 그 나무가 '에셀 나무'임을 정확하게 밝히고 있다. 그래서 번역자들은 'grove'로 번역은 했지만 '나무'라는 뜻도 있음을 분명하게 밝혔다. '에셀 나무'는 영어로 '테머리스크 트리'(tamarisk tree)이다.

킹제임스 성경에는 'grove'로 되어 있지만 마소라 성경에는 두 가지 단어로 구분되어 있다. 하나는 '에셀 나무'(창 21:33)이고 다른 하나는 '아세라'(왕상 16:33) 여신 이름이다. 이 두 단어를 킹제임스 성경 번역자들은 모두 '그로브'(grove)라는 단어 하나로 통일시켜 버렸다. 왜 그렇게 번역했는지 그 이유는 정확하게 알 수는 없다.

그래서 킹제임스 성경에는 '아세라' 여신 이름 자체가 존재하지 않는다. 모두 '그로브'(grove)로 번역했기 때문이다. 그렇게 번역하게 되면 우리의 믿음의 조상 아브라함을 곤혹스럽게 만드는 일이 된다.

히브리 마소라 성경에는 분명하게 '에셀' 나무를 심었다고 되어 있다. 개역개정도 아브라함이 '작은 숲'을 심은 것이 아니라 '에셀 나무'로 심었다고 번역했다.

"아브라함은 브엘세바에서 에셀 나무를 심고 거기서 영원하신 여호와의 이름을 불렀으며…"(창 21:33) – 개역개정

[위의 사진이 히브리어로 '에셀나무', 영어로는 '테머리스크 트리'이다. 훗날 이 나무는 왕의 권위를 상징하는 나무가 되었다. 그래서 사울 왕이 죽자 야베스 길르앗 사람들이 사울 왕을 에셀 나무 아래 묻었던 것이다(삼상 31:13)/moonpoch.org]

그렇다고 해서 우리는 하나님의 말씀에 오류가 있다고 말하지 않는다. 번역상의 '오역'이라고 말한다. 번역의 과정에서 얼마든지 발생할 수 있는 일이기 때문이다. 그래서 킹제임스 번역자들은 '독자들에게 드리는 글'에서 참으로 놀라운 말을 전하고 있다.

'그러므로 어떤 결함이나 결점이 발행되는 과정에서 드러난다 할지라도 번역된 말씀이 하나님의 말씀이 아니라고 할 이유도 없고 또는 유통되는 것을 막을 이유도 없다' – 서문

번역자들은 오역이 있다고 해서 그 성경이 '하나님의 말씀'이 아니라고

해서는 안 된다고 했다. 오늘날 킹제임스 유일주의자들과는 정반대의 성경관이다. 단 하나의 오역만 있어도 용납할 수 없는 그들에게 이런 주장은 마른 하늘에 날벼락 같은 말이다. 그들이 무오하다고 믿고 있는 킹제임스 성경을 번역한 사람들이 그렇게 말했다는 것이 도저히 믿어지지 않을 것이다. 분명히 옥스퍼드 사전에서는 '작은 숲'(grove)과 관련된 '아세라'(Asherah)를 다음과 같이 설명하고 있다.

"아세라: 아세라 여신의 상징물로 나무로 된 기둥이나 통나무가 사용되었다. 가나안에서는 바알을 숭배하기 위한 산당이 있는 제단 가까이에 있었다. 아세라는 히브리 이단 종교, 페니키아, 시리아에서 바알과 짝을 이루는 여신이다"

(Asherah: A wooden post, pillar, or trunk of a tree used as the symbol of the goddess Ashera, occurring near the altar in Canaanitish high places devoted to the worship of Baal. Also the goddess herself, associated with Baal in Syrian, Phœnician, and Hebrew heathen worship. Cf. grove)

[바알의 제단을 헐고 아세라 여신상을 찍어내는 모습/logos.com/youtube.com]

"...바알의 제단을 헐며 그 곁의 아세라 상을 찍고... 네가 찍은 아세라 나무로 번제를 드릴지니라"(사사기 6:25-26) - 개역개정

"...바알의 제단을 헐며 제단 옆의 작은 숲을 베어내고... 네가 베어 낼 작은 숲의 나무로 태우는 희생물을 드릴지니라"(사사기 6:25-26) - 흠정역

아세라 상을 찍어내는 것은 하나님의 명령이었다. 그런데 '아세라'를 '작은 숲'으로 번역하면 이스라엘 역사뿐만 아니라 하나님의 말씀까지도 혼란스럽게 된다. 이 여신 숭배는 이스라엘이 멸망하게 된 원인 중의 하나였다.

"...하늘의 여왕에게 바치고 다른 신들에게 음료헌물을 부음으로 내 분노를 일으키느니라"(렘 7:18) - 흠정역

그렇다면 이제 우리의 어린 영혼들에게 무어라고 가르칠 것인가? 엘리야가 '작은 숲'의 선지자들과 싸웠다고 가르쳐야 하는가? 우리의 믿음의 조상 아브라함이 브엘세바에서 하나님께서 가증하게 여기는 '작은 숲'(grove)을 심었다고 가르쳐야 하는가?

히브리 마소라 성경에는 '아세라'가 단복수를 합쳐서 40번이나 등장한다. 그러나 킹제임스 번역본에는 이 이름들이 모조리 '작은 숲'(grove/groves)으로 번역되어 있다.

킹제임스 번역자들은 서문에서 분명하게 말했다. 기존에 있는 번역본들이 원어에서 동떨어져 있다면 교정되어야 한다고 했다. 이것은 킹제임스 성경에도 동일하게 적용되는 원리인 것이다.

"또한 앞뒤가 맞지 않는 것이 있거나, 불필요한 부분이 있거나, 원어에서 너무 동떨어져 있다면 그것은 교정되도록 해야 하며 진리가 그 안에 세워지게 해야 한다"

"also, if anything be halting, or superfluous, or not so agreeable to the original, the same may be corrected, and the truth set in place" - 서문에서 발췌

6. 의미의 변형에서 오는 번역의 한계

"오 아침의 아들 루시퍼야(O Lucifer), 네가 어찌 하늘에서 떨어졌는가! 민족들을 약하게 만든 자야, 네가 어찌 끊어져 땅으로 떨어졌는가!"(사 14:12) – 흠정역

"너 아침의 아들, 계명성이여, 어찌 그리 하늘에서 떨어졌으며, 너 열국을 엎은 자여, 어찌 그리 땅에 찍혔는고"(사 14:12) – 개역개정

세상에는 킹제임스 성경에만 사탄의 이름을 드러내고 있다고 믿는 사람들이 있다. 그러나 자신의 믿음과 진실이 일치하지 않는 경우도 있다. 결론적으로 말해서 '루시퍼'는 마소라 성경에는 없는 단어이다. 마소라 성경에서 문자 대 문자로 번역했다고 했는데 어찌하여 이런 현상이 일어나는 것일까?

마소라 성경에는 '루시퍼'가 아닌 '헬렐'(heylel)로[14] 기록되어 있는데 이것은 '이름'이 아니라 기능적인 '명칭'이다. '목사'나 '집사'가 이름이 아니라 직분인 것처럼 '헬렐'이란 단어도 그와 같다. 그 뜻은 '빛을 나르는

---

14) Hebrew Old Testament, (London: Trinitarian Bible Society 1894)
Holladay, william L, A Concise Hebrew and Aramaic Lexicon of the Old Testament, (MI: Wm. B. Eerdmans Publishing co. 1971) p79.

자', '빛나는 자', '빛을 내는 것'이다. '이름'이 아니기 때문에 번역이 쉽지 않은 단어이다.

[사람의 상상 속에 만들어낸 사탄의 형상. 그러나 사탄이 어떻게 생겼는지 아무도 모른다/ wikimedia.org / wikipedia.org]

옥스퍼드 사전에서는 '루시퍼'를 다음과 같이 설명하고 있다.

"라틴어로 루시퍼는 형용사로 '빛을 가져오는'인데 본래는 '새벽별'이란 이름으로 사용되었다. 루시퍼는 '루치'(빛)와 '페르'(가져오는)의 합성어다. 헬라어로는 '포스포로스'이다"

(L. lūcifer adj., light-bringing; used as proper name of the morning star; f. lūc(i)-, lūx light + -fer bearing. Cf. the equivalent Gr. φωσφόρος]

옥스퍼드 사전에도 설명되어 있듯이 '루시퍼'를 사탄의 이름으로 결론 내리지 않았다. 오히려 라틴어에는 '새벽별'로 사용되었음을 밝히고 있다. 분명한 것은 '루시퍼'는 '히브리어'가 아니라 '라틴어'이다. 불가타역 이사야 14장 12절에 나오는 Lucifer'를 킹제임스 성경이 그대로 차용했음을 밝히고 있다.

결론적으로 말해서 '루시퍼'(Lucifer)라는 단어는 1611년에 번역자들이 마소라 구약 성경에서 번역한 단어가 아니라 불가타역에 이미 존재했던 단어였다. 라틴어와 영어는 전혀 다른 언어 영역임에도 철자까지도 동일하다.

그런데 라틴어의 '루시퍼'와 영어의 '루시퍼'가 뜻이 동일하지 않다는 것이 문제이다. 지금 사용하고 있는 영어의 '루시퍼'는 전 세계 사람들이 '사탄'의 이름으로 인식하고 있지만 라틴어로 '루시퍼'는 사탄의 이름으로 한정된 단어가 아니었다. 히브리어로 '엘로힘'이 '하나님'에 대한 호칭도 되지만 다른 신에게도 적용되는 명칭도 되듯이 라틴어에서 '루시퍼'는 그리스도를 상징하는 이름도 된다. 이것은 인간의 문자가 시대에 따라 변할 수 있다는 증거이다. 그래서 성경 문맥을 잘 살펴볼 필요가 있는 것이다.

'루시퍼'는 1321년경에 출간된 단테의 '신곡'에 사용되었던 이름이기도 하다. 단테의 신곡(神曲)에 나오는 사탄의 이름이 바로 '루시퍼'였다. 단테의 신곡이 당시 유럽 사람들에게 지대한 영향을 끼쳤던 것은 역사적인 사실이다. 어떤 식으로든 영향을 주었음을 짐작할 수 있다. 단테의 '신곡'에서 루시퍼는 지옥의 가장 낮은 곳에서 얼음에 몸이 반쯤 갇힌 상태로 나온다. 거기서 루시퍼는 카시우스, 부루투스, 유다를 뜯어 먹는 것으로 묘사되어 있다.

또한 라틴어로 '루시퍼'가 '사탄의 이름'이 아니라는 증거는 불가타역이 증명하고 있다. 킹제임스 성경에는 '루시퍼'가 이사야 14장 12절에 오직 한 번 나오지만 불가타 역에는 '세 번'이나 등장한다. 모두 동일한 '루시퍼' (Lucifer)로 나온다. 다음에 나오는 구절은 모두 불가타역 기록된 '루시퍼'이다.

첫째는 욥기 11장 17절에 등장한다.

"또 네 일생이 대낮보다 더 밝으리니 네가 빛을 발하여 아침(루시퍼)같이 되겠고"(욥 11:17)

"et quasi meridianus fulgor consurget tibi ad vesperam et cum te consumptum putaveris orieris ut lucifer"(Job 11:17) - 불가타역

"And thine age shall be clearer than the noonday; thou shalt shine forth, thou shalt be as the morning."(Job 11:17 KJV)

영어 킹제임스 성경에 '아침'(morning)으로 번역되어 있는 단어가 라틴 불가타역에는 '루시퍼'(Lucifer)이다.

두 번째는 이사야 14장 12절에 등장한다.

"오 아침의 아들 루시퍼야(O Lucifer), 네가 어찌 하늘에서 떨어졌는가! 민족들을 약하게 만든 자야, 네가 어찌 끊어져 땅으로 떨어졌는가!"(사 14:12) - 흠정역

"quomodo cecidisti de caelo lucifer qui mane oriebaris corruisti in terram qui vulnerabas gentes"(Isa 14:12) - 라틴 불가타역

불가타역에서 루시퍼는 사탄의 이름이 아니라 '새벽별'이란 이름으로 번역되었다.

세 번째는 베드로 후서 1장 19절이다.

"또 우리에게는 더 확실한 예언이 있어 어두운 데를 비추는 등불과 같으니 날이 새어 샛별이 너희 마음에 떠오르기까지 너희가 이것을 주의하는 것이 옳으니라"(벧후 1:19) - 흠정역

"et habemus firmiorem propheticum sermonem cui bene facitis adtendentes quasi lucernae lucenti in caliginoso loco donec dies inlucescat et lucifer oriatur in cordibus vestris(2Pe 1:19) - 라틴 불가타역

"We have also a more sure word of prophecy; whereunto ye do well that ye take heed, as unto a light that shineth in a dark place, until the day dawn, and the day star arise in your hearts:(2Pe 1:19) - KJV

영어 킹제임스 성경에는 'the day star'(샛별)이지만 불가타역에는 '루시퍼'이다. 만일 라틴어로 '루시퍼'가 사탄의 이름으로만 이해된다면 라틴 불가타역은 참혹한 일이 발생하게 된다. 욥이 '사탄'처럼 되기 때문이다. 또한 베드로 후서 1장 19절은 '사탄'이 우리 마음에 떠오를 때까지 말씀을 주의하라는 것이 되고 만다.

'루시퍼'는 에라스무스 사본에도 등장한다. 왼쪽에는 헬라어 사본을 인쇄했고 오른쪽에는 불가타역을 같이 실었다(에라스무스 5판). 아래의 사진은 베드로후서 1장 19절이다. 헬라어로는 '포스포로스'(φωσφόρος)로 되어 있고 오른쪽에는 '루시퍼'(lucifer)가 나온다. 에라스무스가 이 사실을 모르고 '루시퍼'라는 단어를 사용한 것이 아니다. 라틴어로 '루시퍼'가 이 구절에서는 '사탄의 이름'이 아니기 때문이다. 그렇지 않았다면 에라스무스가 어떻게 베드로 후서 1장 19절에서 '루시퍼'라는 라틴어를 사용했겠는가?

[에라스무스의 헬라어 성경, 벧후 1:19.
오른쪽 라틴어 성경에 '루시퍼'라는 단어가 선명하게 보인다]

그러나 라틴어의 'Lucifer'가 영어권으로 들어간 후에는 이미 의미가 굴절되어 있었던 것이다. 1611년 성경을 번역할 당시 영국에서 '루시퍼'는 사탄의 이름이었다. 그럼에도 불구하고 킹제임스 번역본에 나오는 '루시퍼'가 절대적으로 옳고 다른 번역본은 틀린 번역이라고 한다면 에라스무스 헬라어 사본이 위험하게 된다. 킹제임스 성경의 번역의 기초가 된 성경은 다름 아닌 에라스무스 사본이기 때문이다.

그러한 주장은 모순을 일으킬 뿐만 아니라 스스로를 위험하게 만드는 일이다. 킹제임스 성경의 우수성을 '루시퍼'라는 단어에서 찾는다면 불가타역을 사용했던 수많은 믿음의 선조 그리스도인들을 곤혹스럽게 만드는 일이다. 그래서 1611년 킹제임스 성경 번역자들은 난외주에 '새벽별'(day starre)이란 의미도 있음을 정확하게 밝혔다.

[킹제임스 성경 번역자들은 '루시퍼'로 번역은 했지만 난외주에서 '또는, 새벽별'(Or, day starre)라고 했다. 'day starre'는 17세기 영어이다. 오늘날 영어는 'day star'이다]

번역본에 절대성을 두기 시작하면 자기모순에 빠지기 쉽다. 로마 교회가 자신의 뿌리를 망각하게 되는 순간부터 재앙은 시작되었다. 언어와 언어 사이에 장벽을 만들어 놓으신 분이 하나님이시다. 아무도 어떤 언어를 통해 절대적인 힘을 갖지 못하도록 하신 것이다.

그러므로 번역본은 번역본의 위치를 떠나서는 안 된다고 본다. 조금

부족해도 이방인들에게 주시는 하나님의 은혜라고 생각하면 모든 것이 감사한 것이다. 사람들이 구원을 얻는 것은 '무오류한 성경'으로 얻는 것이 아니라 '무오류한 말씀'으로 얻기 때문이다.

7. 도령형 용어의 차이에서 오는 번역의 한계

1. 영어 킹제임스 성경에는 없는 '데나리온'

"데나리온 하나를 내게 보이라. 그것의 형상과 그 위에 쓰인 글이 누구의 것이냐? 하시니 그들이 대답하여 이르되, 카이사르의 것이니이다"(눅 20:22-24) - 흠정역

"...Shew me a penny..." (Luk 20:24) - KJV

제사장들이 예수님을 올무에 빠뜨리기 위해 '가이사'에게 세금을 바치는 것이 옳은 것인지 아닌지 물었다(마 20:22). 예수님은 '데나리온' 하나를 가져오도록 명령하셨다. 그러나 영어 킹제임스 성경에는 '페니'(penny)로 번역되어 있다.

영어 킹제임스 성경에서 '페니'(penny)는 매우 난감한 번역이 아닐 수 없다. 왜냐하면 '페니'(penny)에는 '카이사르'의 형상이나 이름이 없기 때문이다.

'페니'는 로마의 동전이 아니라 영국의 동전이다. 예수님 당시에 오늘날과 같은 영국은 존재하지 않았다. 그런데 놀라운 사실은 영어 킹제임스 성경이 무오하다고 믿는 사람들조차도 '페니'(penny)에서 번역하지도 않고

음역하지도 않았다.

'데나리온'(denarion)은[15] 원어에만 존재하는 단어이다. 성경에는 수많은 종류의 '길이', '무게', '부피', '면적', '화폐'가 등장한다. 실제로 이런 종류의 '단위'는 번역이 불가능한 영역이다. 그래서 대부분의 번역본들은 원어를 그대로 '음역'을 한 것이다. 나라마다 단위가 다르기 때문이다. 제시되는 몇 가지 예들도 이것을 뒷받침하는 것들이다.

[카이사르가 새겨진 로마의 동전. 카이사르(CAESAR)의 이름이 분명하게 새겨져 있다/ brambronneberg.nl/pinterest.com]

"그가 하루에 일 데나리온(a penny)씩 주기로 품꾼들과 합의하여..."(마 20:2) – 흠정역

"그가 하루 한 데나리온씩 품꾼들과 약속하여 포도원에 들여보내고..."(마 20:2) – 개역개정

'일 데나리온'(a denarion)은 노동자 하루 품삯에 해당된다. 그러나 영국의 '페니'(penny)는 '동전' 하나이다. 일 데나리온은 오늘날로 화폐

---

15) James Swanson, Dictionary of Biblical Languages With Semantic Domains: Greek(NewTestament), (Oak Harbor: Logos Research Systems, Inc.,1997)

가치로 환산하면 5-10만 원 정도이다. '페니'와 비교도 할 수 없는 금액이다.

이런 끔직한 번역을 피하기 위해 한글 킹제임스 성경은 '영어'가 아니라 '원어'에서 음역하였다. 그렇다면 영어 킹제임스 성경 속에 끊임없이 등장하는 이런 기준을 어떻게 해결할 것인가? 그래서 번역본은 번역본의 위치로 남아야 한다. 바로 그것이 하나님께서 번역본에게 주시는 한계이며 은혜인 것이다.

이러한 척도는 번역하는 순간부터 실제 가치가 훼손되고 만다. 정확하게 환산할 수도 없다.

2. 영어 킹제임스 성경에는 없는 '앗사리온'

"참새 두 마리가 한 앗사리온에 팔리지 않느냐?"(마 10:29) – 개역개정
"참새 두 마리가 일 앗사리온에 팔리지 아니하느냐?"(마 10:29) – 흠정역
"Are not two sparrows sold for a farthing?"(Mat 10:29 KJV)

'파팅'(farthing)은 영국의 동전으로 '페니'(penny)의 4분의 1이다.[16] '앗사리온'은 로마의 동전으로 '데나리온'의 16분의 1이다. 분명히 영어 킹제임스 성경에는 '파팅'(farthing)이란 단어가 있지만 어찌된 영문인지 영어가 아닌 원어에서 음역하였다. 그렇다면 영어 킹제임스 성경이 일점일획도 오류없이 보존된 성경이란 주장은 이 부분에서는 어떻게 되는 것인가? '파팅'이란 단어는 보존된 단어가 아니라는 뜻인가?

---

16) Oxford English Dictionary, (Oxford University press, 2009)

[영국 기본 화폐는 파운드이다. 1파운드는 100페니, 1페니는 4파팅이다. 성경의 화폐단위를 영국화폐에 맞추게 되면 본래의 척도가 무너지게 된다/istockphoto.com/foreigncurrencyandcoin.com]

3. 영어 킹제임스 성경에는 없는 '드라크마'

"어떤 여자에게 드라크마 열 개가 있는데 그녀가 한 개를 잃어버리면…" (눅 15:8) – 흠정역

"Either what woman having ten pieces of silver, if she lose one piece"(Luk 15:8 KJV)

'드라크마'라는 헬라의 동전이다. 영어 킹제임스 성경에는 '드라크마'라는 단어가 없다. 은(silver)으로 되어 있다. 이것도 역시 킹제임스 성경 한글 번역본에서는 영어 킹제임스 성경에서 번역하지 않고 헬라어 성경에서 번역하였다.

[예수님 당시의 드라크마 하나는 노동자 하루 품삯에 해당된다. 데나리온과 비슷한 가치이다. 사진은 고대의 드라크마(왼쪽)와 현대의 드라크마이다(오른쪽)/cgbfr.com/bidbuy.co.kr]

4. 영어 킹제임스 성경에는 없는 '므나'

"곁에 서 있던 자들에게 이르되, 그에게서 일 므나를 빼앗아 십 므나 가진 자에게 주라"(눅 19:24) - 흠정역

"And he said unto them that stood by, Take from him the pound, and give it to him that hath ten pounds"(Luk 19:24 KJV)

영어 킹제임스 성경에는 '므나'가 아니라 '파운드'로 번역되어 있다. 영국의 화폐 단위이다. 일 므나와 일 파운드는 비교할 수도 없는 차이이다. 일 므나는 백 드라크마의 가치가 있는 단위이다. 노동자가 100일 동안 일한 가치가 바로 일 므나이다. 비슷한 정도가 아니다. 일 므나는 오늘날로 환산하면 500만 원에서 1,000만 원의 가치가 있는 돈이다. 어떻게 '일 파운드'와 비교가 되겠는가?

5. 영어 킹제임스 성경에는 없는 거리 단위(밀리온과 스타디온)

"누구든지 너로 하여금 억지로 오 리를 가게 하거든 그와 함께 십 리를 가며..." (마 5:41) - 흠정역

"And whosoever shall compel thee to go a mile, go with him twain" (Mat 5:41 KJV)

한글 흠정역의 '오 리'로 번역되어 있는 단어는 영어 킹제임스 성경에는 '일 마일'(a mile)로 되어 있다. 1마일(mile)은 약 1.6km 정도의 거리이

지만 본래 '마일'이란 단위는 '천 걸음'에서 온 단위이다. 헬라어 성경에는 '밀리온'(1000걸음)으로 되어 있다. 비슷한 거리일 수는 있지만 각 나라 마다 이 거리에 차이가 있다. 한글 번역본도 정확한 번역이 불가능하기 때문에 한국어로 '오 리'라고 번역했다.

"이제 베다니는 예루살렘에서 십오 스타디온쯤 떨어진 곳이므로"(요 11:18) – 흠정역

"Now Bethany was nigh unto Jerusalem, about fifteen furlongs off:(John 11:18 KJV)

'스타디온'은 영어 킹제임스 성경에는 없는 단위이다. '펄롱'(furlong)은 영국의 단위로 약 201m 정도이다. 그러나 헬라의 '스타디온'의 길이는 영국의 단위로 환산하는 것이 어렵다.

옥스퍼드 사전에는 스타디온(stadion)을 다음과 같이 설명하고 있다.

"스타디온: 고대 그리스나 로마의 길이의 척도이다. 시대와 지역에 따라 다양하지만 보통 그리스나 로마의 단위로 600 feet에 해당된다. 또는 로마의 단위로 1/8 마일에 해당된다. 영어 성경에는 펄롱으로 번역되어 있다"

(an ancient Greek and Roman measure of length, varying according to time and place, but most commonly equal to 600 Greek or Roman feet, or one-eighth of a Roman mile.(in the English Bible rendered by furlong)

600 feet를 미터로 환산하면 약 185m 정도 추정된다(정확하게 일치하는 것도 아니다). 계시록 14장 20절과 계시록 21장 16절로 가면 각각

1,600 펄롱과 12,000 펄롱으로 나온다. 숫자가 커지면 커질수록 차이가 더 커지게 된다. 그래서 킹제임스 성경이 무오하다고 믿는 사람들조차도 '펄롱'으로 번역하지 않았다. 원어에 나오는 '스타디온'(stadion)으로 번역했다. 이와 같이 원어와 번역본에는 어쩔 수 없는 장벽이 있다. 어떤 면에서 이것은 번역에 있어서 자연스러운 현상이다.

8. 이스라엘의 절기를 오해함으로써 생기는 번역의 한계

"헤롯 왕이... 요한의 형제 야고보를 칼로 죽이니 유대인들이 이 일을 기뻐하는 것을 보고 베드로도 잡으려 할새 때는 무교절 기간이라... 유월절(Passover) 후에 백성 앞에 끌어내고자 하더라"(행 12:1-4) - 개역성경

"헤롯 왕이... 요한의 형제 야고보를 칼로 죽이니라. 또 그가 유대인들이 그 일을 기뻐하는 것을 보았으므로 더 나아가 베드로도 잡으려 하였는데 그때는 무교절 기간이더라... 이스터(Easter)가 지난 뒤에 그를 백성에게로 끌어 내려함이더라"(행 12:1-4) - 흠정역

개역성경에는 베드로를 '유월절'(Passover) 이후에 끌어내고자 감옥에 가둔 것이라고 했다. 킹제임스 성경은 '이스터'(Easter) 이후에 끌어내고자 감옥에 가둔 것이라고 번역했다. 논란이 많은 번역이다.

그런데 '이스터'(Easter)는 영어권에서 '부활절'로 의미가 굳어진 단어이다. 역사적으로는 주후 4세기경에 로마 카톨릭에 의해 만들어진 절기이다. 어떤 사람들은 '초실절'과 혼동하는 경우가 있지만 '초실절'과는

아무런 관련이 없다. 그러므로 '이스터'에 해당되는 단어가 원어에 존재할 리가 없다. '번역본'과 '원어'가 공존해야 하는 중요한 이유가 있다. 어느 정도 의구심을 해결해주기 때문이다.

영어의 '이스터'(Easter)는 헬라어 '파스카'를 번역한 단어이다. 그러나 헬라어의 '파스카'는 '유월절'이다. '초실절'도 아니고 '부활절'도 아니다. 그렇다고 '이스터'도 아니다. 신구약 성경을 모두 합쳐서 78번이 '유월절'과 관련된 단어들이다(유월절 어린양, 유월절 기간을 포함해서). 이 단어가 이 방신 축제를 의미하는 경우는 한 번도 없다. 그래서 '제네바 성경'(Geneva Bible)은 78번 모두 '유월절'(passover)로 번역하였다.

헬라인 '누가'는 '데오빌로'에게 두 편의 보고서를 보냈다. 첫 번째가 '누가복음'이고 두 번째가 '사도행전'이다. 이 두 성경은 모두 한 사람 '누가'에 의해 기록된 보고서이다. '누가'는 누가복음에서 '유월절'과 '무교절'에 관한 정확한 정보를 제시하고 있다. 이 단어가 '기간'을 의미할 때는 단어 자체가 혼용되고 있음을 알려주고 있다.

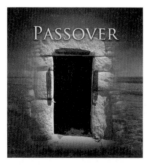

[이스라엘에서 유월절과 누룩이 없는 빵(마짜)을 먹는 무교절은 분리될 수 없는 절기이다. 그래서 '유월절'은 곧 '무교절 기간'을 포함한 전체의 날로 혼용해 왔음을 성경 자체에서 증명하고 있다. 눅 22:1/acts242church.org/zsido.com]

"유월절이라 하는 무교절이 가까이 오매..."(눅 22:1) – 흠정역

"유월절이라 하는 무교절이 다가오매..."(눅 22:1) – 개역개정

그러므로 사도행전 12장 4절은 '유월절' 후에 베드로를 끌어낸다는 말은 '무교절 기간'이 끝난 후에 끌어낸다는 뜻이다. '무교절'이 이후의 절기이므로 거꾸로 '유월절'이 다시 올 수 없다는 주장은 누가복음 22장 1절을 살펴보지 않아서 생긴 오해이다. 유대인들의 절기 명칭을 오해한 것이다. 사도행전 12장 4절에서 말하는 '유월절'은 첫날 하루를 의미하는 것이 아니라 '무교절 전체 기간'을 의미하는 '유월절'이다.

헬라어 '파스카'는 히브리어 '페사흐'를 음역한 단어이다. 단 한 번도 '유월절'과 관련 없는 단어로 사용된 적이 없다. 이러한 번역의 한계는 킹제임스 성경 이전 번역본에도 있었다. 신약에서 유월절(파스카)이란 단어는 모두 29번 등장한다.

틴데일 성경(1534년)은 이중에서 3번은 '파스칼'(Paschall)로 음역했고, 26번은 '이스터'(Ester)로 번역했다. 비숍 성경(1595년)은 26번은 '유월절'(Passover)로 번역했고, 3번은 '이스터'(Easter)로 번역했다. 킹제임스 성경(1611년)은 28번 '유월절'(Passover)로 번역했고, 1번은 '이스터'(Easter)로 번역했다. 그러나 제네바 성경(1599년)은 29회 모두 '유월절'(Passover)로 번역했다. '제네바 성경'은 이 단어만큼은 원어에 충실하게 번역하였다. 유월절이 이스터가 될 수 없는 이유는 이것 외에도 역사적인 배경이 뒷받침하고 있다.

사도행전에 나오는 '헤롯'은 '아그립바 1세'를 말한다. 그런데 유대인들이 야고보를 죽이는 것을 보고 기뻐하였음에도 불구하고 왜 아그립바 1세는 베드로를 즉각 죽이지 않았을까? 베드로가 잡힌 기간이 '무교절 기간'이었기 때문이다. 유대인들은 이 기간을 '유월절'이라고도 부른다고 '누가'가 누가복음 22장 1절에서 분명하게 밝혔다. 아그립바 1세는 유대인들의 법을 어기지 않기 위해 베드로를 즉각 죽이지 않았던 것이다.

다시 말하지만 이 기간을 '무교절 기간'이라고도 하지만 '유월절'이라도 부른다. 누가는 이 정보를 누가복음 22장 1절에서 이미 언급했다. 이 기간에는 사형이 금지되어 있었다. 헤롯 아그립바 1세는 이것을 모를 만큼 바보가 아니다. 무교절이 끝난 다음에 죽이면 더 큰 지지를 얻는데 무엇 때문에 무교절 기간에 죽이겠는가?

헤롯 아그립바 1세는 로마의 정치사를 몸소 체험한 사람이다. 유대인들의 지지를 얻으려는 사람이 '이스터 여신' 축제를 지킨다는 것이 말이 되는 일인가? 물론 이스라엘이 우상을 숭배했던 시대가 있었다. 그러나 사도행전에 나오는 시대적 배경은 그것과 다르다.

그 당시 유대 사회는 하나님을 모독하고 성전을 모독했다는 이유로 예수님을 십자가에 못박은 시대이다. 로마 총독이었던 빌라도조차도 소요가 일어날 것이 두려워 굴복하고 말았던 시대이다. 스데반이 율법을 위반했다는 이유로 돌로 죽였던 시대이다. 바울이 유대교를 떠나자 40여 명이나 되는 유대인들이 그를 죽이기 전에는 먹지도 마시지도 않겠다고 맹세했던 시대이다(행 23:21).

그런 살기등등한 시대에 헤롯 아그립바 1세가 '이스터 여신 축제'를 지킨다는 것은 앞뒤가 맞지 않는 행위이다. 유대인들의 지지를 얻으려는 사람이 우상숭배라면 치를 떠는 유대인들 앞에서 '이스터 여신 축제'를 지킨다는 것은 자살행위이다.

요세푸스를 비롯해서 그 어떤 유대 역사에서도 예수님 당시에 이스터 여신 축제를 지켰다는 기록을 찾을 수가 없다. 사도행전 12장 4절에서 '이스터'(Easter)라는 단어는 원어에서 벗어난 것이다. 그러므로 사도행전 12장 4절에서 '이스터'(Easter)라는 단어가 존재해야 하는 이유가 없는 것이다.

9. 이스라엘 역사적 배경과 이해 부족으로 오는 한계

레위기 23장 40절을 보면 초막절(Sukkot, 장막절)에 드려야 할 헌물 '네 가지'가 나온다.

"첫 날에는 너희가 아름다운 나무 실과와 종려나무 가지와 무성한 나무 가지와 시내 버들을 취하여 너희의 하나님 여호와 앞에서 이레 동안 즐거워할 것이라"(레 23:40) – 개역개정

"첫째 날에는 너희가 좋은 나무 가지와 종려나무 가지와 무성한 나무 가지와 시내의 버들을 취하여 주 너희 하나님 앞에서 이레 동안 기뻐할지니라"(레 23:40) – 흠정역

그런데 마소라 구약 성경에는 첫 번째 식물이 '가지'가 아니라 '열매'(페리) 로 기록되어 있다.[17]

---

17) Hebrew Old Testament, (London: Trinitarian Bible Society, 1894)

초막절(sukkot)을 지키는 유대인들은 네 종류의 식물을 '아르바 미님'(Arba Minim)이라고 하는데 '4가지 종류'라는 뜻이다. 오늘날 이스라엘에서 이 명칭은 명사화 되어 있다. 그래서 유대 영어 번역본들도 모두 '열매'로 번역되어 있다.

"On the first day you are to take choice fruit..."(레 23:40 CJB)

"And ye shall take you on the first day the fruit of goodly trees..." (레 23:40 JPS)

"On the first day you shall take the product of hadar trees..." (레 23:40 TNK)

초막절 첫날에 드리는 열매를 유대인들은 '에트록'(Etrog), 영어로는 '시트론'(Citron) 열매라고 한다. 이것은 초막절에 초막을 짓는 나뭇가지가 아니다(느헤미야 8:15). 혼동해서는 안 된다. 초막을 짓기 위한 가지(branches)는 히브리어로 '페리'가 아닌 '알레'인데 '알레'는 나뭇잎(leaves)이 무성한 가지를 의미한다.

[현대 이스라엘은 초막절이 되면 집 밖에 초막을 지어 7일 동안 그 안에서 거주한다. 초막을 짓는 것과 초막절 첫날에 드리는 요제를 혼동해서는 안 된다/jesus.ch/messyanic.com]

열매로 초막을 지을 수는 없다. 레위기 23장 40절에 나오는 '열매'(fruit)

는 초막을 짓기 위한 재료가 아니라 초막절 첫날에 드리는 요제이다. 그래서 동일한 'TR'계열의 역본들도 모두 '열매'로 번역했다. 이해가 되지 않았을지라도 있는 그대로 번역한 결과이다.

"And ye shall take you the first daye, the frutes of goodly trees"(틴데일 성경, 1534년)

"and upon the first daie ye shall take of the goodly frute full trees"(커버데일 성경, 1535년)

"and ye shall take you the first daye the frutes of goodly trees"(매튜 성경, 1537년)

"And yee shall take you in the first day the fruite of goodly trees"(제네바 성경 1599년)

단수 복수에 차이는 있을지라도 모두 '열매'임을 알 수 있다. 만일 이 구절에 있어서 킹제임스 성경이(레23:40) 옳은 번역이라면 이스라엘은 초막절 행사 자체를 바꿔야 한다. 그러나 그렇게 될 수 없을 것이다. 1611년 초판 번역자들도 난외주에 '열매'(fruit)임을 밝혀 놓았기 때문이다. 초막절 첫날에 드리는 '네 가지' 요제는 이스라엘의 역사이기 이전에 하나님의 역사이다.

[번역자들은 '좋은 나무 가지'(the boughes of goodly trees)로 번역은 했지만 히브리어로는 '열매'(+Heb. fruit)임을 숨기지 않았다. 영어로 번역된 단어와 원어의 의미가 다를 수 있음을 스스로 증명하고 있다]

킹제임스 성경 번역자들이 원어에 있어서 당대 최고라는 것은 의심의 여지가 없다. 그렇다면 이 단어를 몰라서 그렇게 번역한 것이 아니란 의미이다. 그렇다면 '열매'라는 것을 알면서도 왜 '가지'(boughes)로 번역한 것일까? 번역자들이 초막을 짓는 나뭇가지와 초막절 첫날에 드리는 '네 가지'의 요제를 혼동했을 가능성이 충분히 있다는 증거이다.

1611년 당시에는 이스라엘이란 나라가 없었고 이스라엘 절기나 문화에 대한 정보가 극도로 빈약했기 때문일 것이다. 그러나 초막절에 드리는 '네 가지' 요제 헌물은 느닷없이 생겨난 것이 아니라 이스라엘의 역사이다. 오늘날 우리는 인터넷을 통해 방안에 앉아서 이스라엘을 샅샅이 뒤질 수 있다. 수많은 자료와 사전들이 산더미처럼 쌓여 있다. 그러나 1611년 당시는 지금과는 다른 시대이다. 그러므로 그러한 혼동은 충분히 이해될 수 있는 문제이다.

이스라엘은 초막절(장막절)에 드리는 첫 번째 '열매'를 '에트록'(Etrog)이라고 하고 영어로는 '시트론'(citron)이라고 한다. 이 과일은 고대에서 해독제나 음식을 상하지 않게 하는 용도로도 사용되었다고 한다. 그래서 '구원', '보존'과 '보호'를 상징하는 열매라고 한다.

둘째는 '종려나무 가지'이다. 종려나무 가지는 예수님께서 예루살렘에 입성하셨을 때도 사용했던 나무 가지이다. '환영', '찬양', '번영', '축복'을 상징한다.

셋째는 '무성한 나무 가지'인데, 유대인들은 이 나무를 '머틀 나뭇가지'(myrtle)라고 한다. 이 나무는 상록수로 '불사', '불멸'을 상징한다. 그래서 결혼식장 장식용으로도 쓰이는 나무이며 의미는 '영원한 사랑'이다.

마지막으로 '시내 버들가지'이다. 시내 버들은 삭막한 사막에서 자라는 나무가 아니라 물이 풍성한 곳에서 자란다. 그래서 생명, 활력, 풍성함을 상징한다.

이 '4가지' 식물은 일종의 신앙고백이다. 이스라엘 백성들은 시트론 열매로 하나님의 구원과 보호하심을 고백한다. 종려나무 가지로 하나님의 통치를 환영한다. 머틀나무 가지로 하나님의 사랑이 영원함을 고백한다. 시내 버들가지로 하나님께서 주신 생명이 풍성함을 찬양한다.

그러므로 이 '네 가지'(아르바 미님) 식물은 이스라엘 역사 이전에 하나님의 구원의 역사이기도 하다. 이 '네 가지' 요제 헌물은 이스라엘의 광야 생활과 직결된다. 그래서 이스라엘은 이 네 종류의 요제 헌물을 드림으로 초막절 첫날에 경배를 드린다. 역사적으로 이집트에서 이스라엘을 구원하시고 광야에서 생존하게 하신 하나님을 영원히 찬양하고 경배드리는 것이다. 얼마나 중요한 절기이겠는가?

그런데 1611년 초판의 번역자들은 히브리어로 '열매'(fruit)라는 것을 알고 있었음에도 불구하고 '가지'(boughes)로 번역하였다. 열매로 어떻게 초막을 지을 수 있겠느냐는 생각이 침입했을 수도 있다. 그렇지 않으면 의도적으로 오역을 만들어 낸 이유를 설명할 수가 없다. '열매'와 '가지'는 완전히 다른 단어이기 때문이다.

그러므로 이와 같은 번역의 한계는 어느 번역본에도 나타나는 현상이다. 만일 우리가 어떤 성경을 읽는 것이 좋은 신앙인의 기준이 된다면 우리는 모두 원어 성경을 읽어야만 했을 것이다. 킹제임스 성경도 거기에서 번역되었기 때문이다. 그러나 성경은 그것보다 더 중요한 기준을 제시하고 있다.

"육신에 있는 자들은 하나님을 기쁘시게 할 수 없느니라. 만일 너희 속에 하나님의 영이 거하시면 너희가 육신에 있지 않고 영에 있나니 누구든지 그리스도의 영이 없으면 그리스도의 사람이 아니라"(롬 8:8-9) - 개역개정

어떤 성경을 보느냐가 훌륭한 신앙의 기준이 아니다. 그리스도의 영(靈)이 있느냐 없느냐가 더 중요한 기준이다. 만일 하나님이 완전 무오류한 성경 하나만 가지고 역사하셨다면 1611년 동안 하나님은 아무 일도 못하신 것이다.

그러므로 하나님의 주권적 사역을, 하나님의 권능의 역사를, 하나님의 오묘한 섭리를 번역본 하나로 설명하려 든다면 교묘한 '지식' 하나로 하나님을 설명하고 판단하려 했던 '영지주의자'들과 무엇이 다르겠는가?

[왼쪽 사진에는 시트론 열매, 머틀나무 가지, 종려나무 가지, 시내버들 가지가 있다. 유대인들은 '네 가지' 흠없는 요제를 준비하기 위해 돋보기까지 사용한다/myjewwishlearning.com]

[이스라엘 초막절 행사는 전 국가적인 행사이다. 그래서 네타냐후 총리도 예외는 아니다. 그의 오른손에 들려 있는 것은 '가지'가 아니라 분명한 '열매'이다/wikimedia.org]

[역사에 있어서 이스라엘이 모두 옳다는 것은 아니다. 그러나 적어도 그들의 역사 속에 있었던 진실마저 훼손시키는 일은 하지 말아야 한다/messianicbible.com]

  자신의 신념을 정당화시키기 위해 성경에 있는 진실과 이스라엘 역사 전체를 덮으려는 시도는 하나님의 마음을 아프게 하는 일이다. 적어도 이방인 그리스도인들은 말씀이 맡겨진(롬 3:2) 저들에 대한 감사와 안타까움을 잊지 말아야 할 것이다(롬 9:1-5).

7

하나님의
말씀의
섭리적 보존

제7부 하나님의 말씀의 섭리적 보존

'섭리'(攝理)나 '경륜'(經綸)은 어려운 한자어이다. 헬라어의 '오이코노미 아'(oikonomia)를 번역한 단어인데 '집'과 '법', 또는 '집'과 '다스림'의 합성어이다. 여기서 발전된 단어가 '이코노미'(경제)이다. 그래서 하나님의 '섭리'는 '관리', '공급', '통치'와도 관련이 있다.

하나님께서 말씀을 보존하시는 섭리를 보면 위의 모든 개념을 포함해서 사람이 가히 상상할 수 없는 범위까지 뻗어 있음을 알 수 있다.

[모세가 기록한 성경이 어떤 언어로 번역되었을지라도 그 성경은 섭리적으로 보존된 하나 님의 말씀이며 이방인들에게 베푸신 하나님의 은혜로 보아야 타당하다/kmib.co.kr/ istockphoto.com]

1. 개역 성경 속에 존재하는 '없음'이란 단어

개역 성경에는 초신자들에게 혼란을 주는 단어가 있다. '없음'이란 단어 이다. 그래서 사람들 머릿속에서 자연스럽게 의문이 일어날 수 있다. 하나님 께서 말씀을 완전하게 보존하셨는데 어떻게 '없음'이 있을 수 있을까? 이

질문에 대한 명쾌한 답이 쉽지 않기 때문에 그리스도인들 사이에 혼란과 오해가 가중될 수밖에 없었을 것이다.

그러나 이것은 사본(寫本)과 번역본(飜譯本)에 대한 이해가 부족해서 생긴 오해이다. 그리고 '완전한 말씀'과 '완전한 문자'를 구분하지 못한 오해이다. 이 글은 어떤 성경을 변호하려는 목적이 아니라 진실을 있는 그대로 밝히려는 취지이다. 그 진실이 자신의 신념을 손상시키는 경우가 있을지라도 말이다. 그래서 킹제임스 성경 번역자들의 글로 대신하고자 한다.

"만일 우리가 진리의 아들이라면, 진리가 말하는 것을 깊이 생각해야 한다. 그리고 어떤 식으로든 진리에 방해가 된다면 우리 자신의 공적과 다른 이들의 공적도 허물어져야 한다." - 서문에서 발췌

"If we will be sons of the Truth, we must consider what it speaketh, and trample upon our own credit, yea, and upon other men's too, if either be any way an hindrance to it."

성경은 완전한 하나님의 말씀이면서 동시에 사람들이 사용하는 불완전한 문자로 기록된 책이다. 그래서 그 시대에 맞는 맞춤법이 나오면 이전의 문장에 오류가 발생하게 된다. 그렇다고 해서 하나님의 말씀에 오류가 있다고 말하지는 않는다. 이 공존성을 이해해야만 한다. 따라서 이 지면을 통해 언급하고자 하는 것은 어떤 특정 번역본에 대한 옳고 그름을 따지려는 것이 아니다. 정확한 진실을 밝혀 하나님의 말씀의 위대한 섭리를 찬양하고자 하는 것이 그 주된 목적이다.

다시 언급하지만 개역 성경 속에 있는 '없음'이란 단어를 이해하기 위해서

필사본(筆寫本)에 대한 이해가 먼저 필요하다. 세상에 존재하는 모든 번역본은 번역을 위한 저본(底本) 또는 원본(原本)이 존재해야만 번역이 가능하다. 그런데 그 원본은 대문자 사본과 소문자 사본으로 크게 나뉜다(구약 성경에는 '없음'이 없기 때문에 헬라어 신약 사본만 다루기로 하겠다).

결론부터 말하자면 개역 성경의 저본(底本)은 대문자 헬라어 사본 계열이다. 그러나 흠정역(KJV)은 소문자 헬라어 사본 계열이다. '없음'은 대문자 사본과 소문자 사본의 차이를 의미한다. 개역성경에 있는 '없음'은 대문자 원본 자체에 번역하고자 하는 구절이 없었다는 의미이다.

오늘날 우리가 읽고 있는 성경의 장(章)과 절(節)은 소문자 사본 계열에서 먼저 만들어졌다. 역사적으로는 스테파누스 성경 제4판(1551년)부터 오늘날의 장과 절이 완성되었다.[18]

그 이후에 1885년경에 대문자 사본에서 번역된 영국 개역 성경이(ERV) 스테파누스가 만든 장절(章節)을 그대로 수용하였다. 그런데 영국 개역 성경은 대문자 사본에 없는 구절을 공란(空欄)으로 남겨 놓았다. 한국에서 출판된 개역 성경은 공란으로 남겨진 부분에 '없음'이란 구절을 집어넣은 것이다.

21	21 (없 음)
22 And while they abode in Galilee, Jesus said unto them, The Son of man shall be delivered up into the hands of men;	22 갈릴리에 모일 때에 예수께서 제자들에게 이르시되 인자가 장차 사람들의 손에 넘겨져
(Mat 17:21-22) - 영국 개정역(ERV)	(마태 17:21-22) - 개역 개정역

18) 브루스 M. 메쯔거, 사본학, 강유중, 장국원 역(서울: 기독교문서선교회, 1999) p89.

그리하여 '(없음)'이란 단어는 사본에 대한 이해가 부족한 사람들에게 치명적인 오해를 만들어 내었다. 이 오해를 설명하기 위해서도 사본에 대한 이해가 더 필요하다.

2. 사본(寫本)에 대한 중립적 관점

어떤 사람들은 '알렉산드리아'는 애굽의 도시이기에 그곳에서 발견된 사본은 사악한 사본이라고 결론을 내리고 있다. 이것은 사본에 대한 치명적인 무지이다. 그렇다면 예수님이 애굽으로 피신하신 사건에 대해서는 어떻게 말할 것인가?

"주께서 선지자로 말씀하신바 애굽에서 내 아들을 불렀다 함을 이루려 하심이니라"(마 2:15) – 개역개정

사악한 애굽으로 피신했다고 해서 예수님까지 비난할 것인가? 니고데모와 대제사장의 대화 속에서 우리는 교훈을 얻어야 한다.

"우리 율법은 사람의 말을 듣고 그 행한 것을 알기 전에 심판하느냐?... 너도 갈릴리에서 왔느냐? 찾아보라. 갈릴리에서는 선지자가 나지 못하느니라"(요 7:51-52)

유대 대제사장의 관점에서 갈릴리 출신은 모두 사악한 사람들인 것이다. 그렇다면 킹제임스 성경의 저본(底本)이 되는 에라스무스 성경은 어떻게 할 것인가? 에드워드 힐스의 글에는 다음과 같은 내용이 실려 있다.

"1516년과 1535년 사이에 에라스무스는 그리스어 신약성경을 다섯 판에 걸쳐 펴냈다. 첫 번째 판에는 본문 앞에 교황 레오 10세에게 보내는 헌정사... 등이 있다"(『킹제임스 변호』, p195)

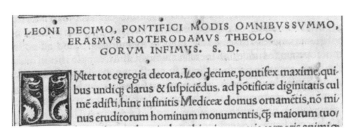

[위의 사진은 1516년 에라스무스 성경 초판에 실린 교황 레오 10세에 바친 헌사이다.
www.originalbibles.com]

교황 레오 10세는 면죄부 판매를 명령한 교황이며 이로 인해 종교개혁이 촉발되게 만든 장본인이다. 그런데 에라스무스 성경 초판에는 그 교황에게 올리는 헌사가 있다. 당시의 카톨릭 사제가 성경을 펴내기 위해서는 교황의 허락이 없이는 불가능했기 때문이다.

그렇다고 해서 에라스무스가 편찬한 헬라어 사본이 사악한 사본인가? 그렇다면 거기서 번역된 킹제임스 성경은 어떻게 설명할 것인가? 이와 같이 사본에 대한 중립성을 갖지 못하게 되면 자신의 손가락으로 자신의 눈을 찌르는 일이 발생하게 된다.

힐스는 에라스무스가 헬라어 성경을 편찬하기 전에 수집한 사본이 11세기에서 15세기 사본이라고 했다. 이 외에도 라틴어 사본 두 개를 카톨릭 사제인 자신의 친구에게서 빌렸다고 했다. 그 이름은 존 콜렛(John Colet)으로 알려져 있다.

우리는 신약 사본이 크게 대문자 사본과 소문자 사본으로 구분되어 있다는 것을 염두에 두어야 한다. 중요한 구분이다. 왜냐하면 헬라어 소문자는 8세기 말엽과 9세기 초에 만들어졌기 때문이다.[19] 이것은 대문자 사본과 소문자 사본의 시간 간격이 8세기에서 9세기 정도의 차이가 생겼다는 의미이다. 사도 바울이 성령의 감동으로 기록한 서신은 모두 대문자 헬라어로 기록되었다. 당시에는 소문자 헬라어가 없었다.

글자만 차이가 있는 것이 아니다. 대문자 사본에는 쉼표도 없고 띄어쓰기도 없고 구두점도 없었다. 당시 사도 바울의 헬라어 서신이 어떠했는지 짐작할 수 있는 부분이다.

다시 반복하지만 사본 자체는 선악의 기준이 아니다. (물론 알렉산드리아 사본과 바티칸 사본에 외경의 일부가 포함되어 있다는 것은 잘 알려진 사실이다. 킹제임스 성경 초판에도 외경이 포함되어 있다. 그러므로 그것은 논외로 하자).

북한 사람들이 보는 성경이라고 해서 악한 성경이라고 평가하지 않는 것처럼 사본 자체도 그렇다는 것이다.

'알렉산드리아 사본'이라고 해서 이집트의 파라오와 연결시키거나 '바티칸 사본'이라고 해서 중세 암흑시대의 로마 카톨릭과 관련지어서는 안 된다는 뜻이다. 만일 사본에 대한 선악의 기준을 그렇게 만들어 버리면 교황 레오 10세에게 헌사를 바친 에라스무스 성경은 참으로 곤란한 지경에 빠진다. 그리고 거기서 번역된 킹제임스 성경은 설명할 수도 없게 된다.

---

19) 장동수, 『신약성서 사본과 정경』, (대전: 침례신학대학 출판부, 2005) p21.

3. 다양한 사본은 섭리 가운데 있는 하나님의 안전 장치이다

루터가 번역한 루터 성경에는 요한의 콤마가 없다(요한의 콤마란 요한 일서 5장 7절을 의미한다). 에라스무스 2판에서 번역하였기 때문이다. 그러나 에라스무스 3판은 요한의 콤마가 있다. 그렇다고 해서 루터 성경에 '없음'이란 단어가 있는 것은 아니다. 루터가 번역할 때에 에라스무스 2판 에는 요한의 콤마가 없었기 때문이다. 힐스는 이 부분에 대해서 다음과 같이 언급했다.

"많은 비평가들은 이 사본이 1520년경에 에라스무스를 반박할 특별한 목적으로 옥스퍼드에서 기록되었다고 믿고 있으며 에라스무스 자신도 자신의 주석에서 그렇게 언급했다"(『킹제임스 성경 변호』, p. 207)

(진위 여부를 떠나서), 그렇다고 할지라도 에라스무스 1판과 2판은 오류 있는 말씀이고 3판부터 완전한 말씀이라고 말하지 않는다. 비록 요한의 콤마가 1판과 2판에 없다고 할지라도 섭리적인 관점에서는 모두 완전한 하나님의 말씀인 것이다.

사람들은 발견된 신약 사본들이 성경 전체가 발견된 것으로 오해하는 경우가 있다. 다시 말하지만 초대 교회시대에는 신약 성경이 없었다. 신약 27권이 공식적으로 선언된 것은 아프리카 카르타고 공의회에서(주후 397 년)에서 이루어진 일이다.

사람들은 안디옥 사본이 하나의 사본으로 통일된 것으로 생각하는 사람 들이 있다. 이미 언급했지만 세상에 발견된 사본 중에 100% 동일한 두 개의 사본이 없다. 복사기가 있었다면 가능한 일이었겠지만 당시에는 모두 손으로 필사를 했기 때문에 일어난 일이다. 안디옥에서 발견된 사본이라고 해서 완전한 하나의 상태로 보존된 것이 아니란 뜻이다.

　오늘날처럼 구약 39권과 신약 27권이 하나로 통합되어 나타나기 시작한 것은 5세기가 지나서 일어난 일이다. 에라스무스도 부분적으로 필사되어 흩어진 사본들을 하나로 모아서 1516년에 27권의 헬라어 사본을 편찬한 것이다. 심지어 그가 참고한 계시록(사본 1r)은 여섯 구절이나 손실된 사본이었다.[20]

　마가복음 16장 9-20절을 보면 이 문제가 쉽게 이해가 된다. 개역 성경 난외주에 보면 '어떤 사본에는 9-20절까지가 없음'이라고 되어 있다. '어떤 사본'은 무엇을 말하는 것일까? 힐스는 다음과 같이 기록했다.

　"이 구절들은 알레프나 B를 제외한 모든 그리스어 사본들에서 그리고 k를 제외한 모든 라틴어 사본들에서 발견된다"(『킹제임스 성경 변호』, p160)

　'알레프'(ℵ)는 '시내 사본'을 의미하고 'B'는 '바티칸 사본'을 의미하고 'k'는 구 라틴 사본을 의미한다. 대문자 사본 중에서 시내 사본과 바티칸 사본에는 마가복음 16장 9-20절이 없다. 구 라틴 사본(k)에는 '짧은 결말'로 불리는 변형된 구절만 있다(『킹제임스 성경 변호』, p161). 그런데 같은

---

20) 장동수, 『신약성서 사본과 정경』, (대전: 침례신학대학 출판부, 2005) p93.
　에드워드 힐즈, 『킹제임스 성경 변호』, 정동수, 권승천 역 (인천: 그리스도 예수 안에, 2007) p200.

대문자 사본인 '알렉산드리아 사본'에는 이 구절이 있다.

그리고 간음하다 현장에서 잡힌 여인의 이야기가 기록된 요한복음 7장 53절부터 8장 11절까지의 내용은 '시내 사본'(ℵ), '바티칸 사본'(B), '알렉산드리아 사본'(A)에 없다. 그러나 '베자 사본'(D)에는 있다. 이 베자 사본은 TR의 베자 사본과 다르다. 이 베자 사본은 시내 사본, 바티칸 사본, 알렉산드리아 사본처럼 5세기경의 대문자 사본이다.

반복하지만, 하나님께서 말씀을 보존하시는 방식을 보면 구약 성경은 일자형 썰매이지만 신약 성경은 부채꼴형 썰매이다. 어느 하나가 물에 빠져도 모두 죽지 않게 여러 사본을 통해 섭리적으로 보존하셨다는 의미이다.

에라스무스가 빌린 헬라어 계시록 사본(사본 1r)에는 마지막 여섯 구절이 없었지만[21] 에라스무스가 성경을 펴낼 수 있었던 것은 당시에 제롬이 번역한 라틴 벌게이트가 있었기 때문이다.

에라스무스는 마지막 여섯 구절을 라틴 벌게이트에서 헬라어로 역으로 번역하여 에라스무스 헬라어 사본(1516)을 완성시킨 것이었다. 그렇게 해서 대문자 사본과 소문자 사본에도 없는 '생명책'(book of life/계 22:19)이라는 단어가 만들어지게 된 것이다. 그리하여 TR 계열의 모든 사본과 거기에서 번역된 모든 본역본들 안에는 '생명책'(book of life)이란 단어가 존재하게 된 것이다.

훗날 로마 카톨릭은 요한계시록 22장 19절의 오역을 바로잡아 새라틴 벌게이트(Nova Vulgate 1979, 1986) 판본에서는 '생명책'을 '생명나무'로 교정하였다.

---

21) 브루스 M. 메쯔거, 사본학, 강유중, 장국원 역(서울: 기독교문서선교회, 1999) p124.

킹제임스 성경을 변호하는 힐스도 대다수의 헬라어 사본에는 '생명책'이 아니라 '생명나무'(the tree of life)로 되어 있음을 숨기지 않았다. 1769년판 킹제임스 성경도 난외주를 통해 이 사실을 지지하고 있다(II or, from the tree of life).

그래서 힐스는 초판 에라스무스 헬라어 성경이 인쇄상 많은 오류가 있다는 것을 인정하고 있다(『킹제임스 성경 변호』, p199-200).

오늘날 많은 사람들이 '비잔틴 전통 본문'과 'TR' 계열을 혼동하고 있지만 같은 계열이 아니다. 다음의 글도 이것을 증명하고 있다.

"바른 관점을 유지하기 위해서 TR이 비잔틴 전통과 정확하게 일치하지 않는다는 사실에 주목하는 것이 중요하다. 바진틴 본문 형태가 몇천 개의 증거들에서 발견되는 반면에 TR은 그 10분의 1에도 해당되지 않기 때문이다"[22]

결국 TR 계열 사본도 수많은 다수 사본 계열 중에서 일부분이란 뜻이다. 그리고 사본들 사이에도 사소한 차이가 수도 없이 존재하고 있음도 알 수 있다. 그렇다고 해서 어느 누구도 에라스무스 성경이 불완전한 하나님의 말씀을 담고 있으며 사탄이 개입해서 만들어진 성경이라고 말하지 않는다.

---

22) D. A. 칼슨, 『킹제임스 버전 성경의 오류』, 송병현, 백대영 역(서울: 이레서원, 2000) p45.

4. '없음'이란 구절은 완전과 불완전의 기준이 아니다

개역 성경을 보면 신약 성경에 '없음'이란 구절이 14군데가 등장한다. 1) 마 17:21(없음), 2) 마 18:11(없음), 3) 마 23:14(없음), 4) 막 9:44(없음), 5) 막 9:46(없음), 6) 막 11:26(없음), 7) 막 15:28(없음), 8) 눅 17:36(없음), 9) 눅 23:17(없음), 10) 행 8:37(없음), 11) 행 15:34(없음), 12) 행 24:7(없음), 13) 행 28:29(없음), 14) 롬 16:24(없음).

그런데 특이한 것은 '누가복음 17장 36절'이다. 이 구절은 에라스무스 1, 2, 3, 4, 5판과 스테파누스 1, 2, 3판에는 없다. 스테파누스 4판부터 있다(『킹제임스 성경 변호』, p219). 이 구절은 틴데일 성경에도 없다. 그러나 라틴 벌게이트에는 있다.

그렇다면 누가복음 17장 36절이 없는 에라스무스 성경과 스테파누스 1, 2, 3판은 사탄이 개입해서 생긴 현상이라고 할 수 있는가?

사본학에서는 이러한 변화와 차이를 자연스러운 현상으로 받아들이고 있다. 더 나아가 하나님의 섭리의 일부분으로 보고 있다. 그러나 킹제임스 성경 유일주의의 관점에서는 이러한 차이를 마귀가 만들었다고 본다. 그러한 사고력과 접근 방식이 과연 맞는지 생각은 해보아야 하지 않겠는가? 에라스무스 성경을 부인하게 되면 자신이 보고 있는 킹제임스 성경도 위태롭게 되기 때문이다.

쉬운 예로, 다음과 같은 대문자 영어로 기록된 성경이 있다고 하자. 'INTHEBEGINNINGGODCREATEDTHEHEAVENANDTHEEARTH'.

무슨 의미인지 쉽게 눈에 들어오지 않는다. 제대로 된 띄어쓰기와 소문자로 풀어내면 다음과 같은 글자의 조합으로 이루어진 것임을 알 수 있다.

'In the beginning God created the heaven and the earth'

전자는 영어 대문자로 구성된 창세기 1장 1절이고 후자는 영어 소문자로 기록된 창세기 1장 1절이다. 동일한 내용임에도 전자는 읽기가 매우 어렵다. 헬라어 대문자 사본도 그런 형태로 기록되어 있다.

다시 반복하지만 헬라어 대문자 사본은 글씨체만 다른 것이 아니라 구두점이나 쉼표도 없다. 그렇다면 후대 사람들이 어떤 성경을 필사하겠는가? 당연히 소문자 사본이다. 그래서 오늘날 발견된 헬라어 사본 중에 약 90% 이상이 소문자 사본이다.[23]

[왼쪽은 대문자 헬라어 사본이고 오른쪽은 소문자 헬라어 사본의 일부이다. 대문자 사본은 글자가 모두 붙어 있어 후대 사람들이 쉽게 볼 수가 없다. 후대 사람들은 소문자 헬라어에 점점 익숙해진 것이다/bibleworks.com]

이것은 대문자 사본은 시대가 지남에 따라 쉽게 볼 수 있는 성경이 아니라는 뜻도 된다. 자신도 읽기 어려운 성경을 무엇 때문에 필사하겠는가? 대문자 사본이 소수 본문으로 남을 수밖에 없는 이유는 사람들이 보기에

---

23) 장동수, 『신약성서 사본과 정경』, (대전: 침례신학대학 출판부, 2005) p21

쉽지 않은 성경이 되었기 때문이다. 이러한 이유로 '소수 사본'과 '다수 사본'으로 분류된 것이지 선악의 기준 때문에 그런 것이 아니다.

그러나 사본에 대한 이러한 기초 지식이 없는 경우 자신이 보는 성경 외에는 모두 사탄이 개입해서 변개시킨 성경이라고 말하고 싶어 할 것이다. 그러나 대문자 사본과 소문자 사본의 차이를 통해서도 하나님의 보존의 역사가 끊임없이 일어나고 있다는 생각은 왜 못하는 것인가? 하나님은 연약하고 불완전한 손길을 통해서도 완전한 하나님의 말씀을 보존하셨다. 이것이 바로 기적의 역사요 은혜의 역사인 것이다.

참으로 심각한 차이는 이런 이문(異文)의 차이가 아니라 '마르시온 성경'이나 '외경'(外經)과 같은 비진리와의 차이인 것이다. '마르시온'은 누가복음 일부와 바울 서신 10개만을 추려서 '마르시온 성경'을 만들어 내었다. 그리고 외경은 성경 66권에 있는 근본적인 교리와 차이가 있다.

예를 들면, 외경인 토빗서 6장 8절에는 물고기 염통과 간을 태워 마귀를 쫓는다는 내용이 있다. 바룩서 3장 4절에는 죽은 사람들을 위해 기도하라는 내용이 있다. 마카베오 2서 12장 45절에는 죽은 자들이 속죄한다는 내용이 있다. 집회서 38장 24-34절에는 농부나 기술자, 대장장이, 옹기장이는 성경학자가 될 수 없다는 내용이 나온다. 그러나 아모스 선지자는 농부이며 사도들은 어부들이다. 외경에 대한 판단은 아무리 어린 그리스도인들이라고 할지라도 쉽게 분별이 된다.

그러나 대문자 사본과 소문자 사본의 차이는 사탄이 개입해서 만든 것이 아니라 필사(筆寫)의 역사적인 산물임과 동시에 하나님께서 말씀을 보존하는 섭리의 역사 속에 들어 있는 것이다. 대문자 사본과 소문자 사본의 차이로 인하여 엄청난 성경 연구가 일어났을 뿐만 아니라 원어에 대한 연구가 비약적으로 발전했기 때문이다.

성경의 장(章)의 구분은 1200년대 초 영국의 켄터베리 대주교 스테펜 랜돈(Stephen Landon)이 라틴 성경에서 구분한 것을 시초로 보고 있다. 그러나 절(節)까지 나누지는 않았다. 구약의 절은 1400년대 초 랍비 이삭 나단(Rabbi Isaac Nathan)에 의해 도입되었고 신약은 1551년 스테파누스(Robert Stephanus)에 의해 시작되었다(『신약성서 사본과 정경』, p21, 『영어성경역사』 p47).

그런데 스테파누스는 장절의 구분을 난외주에 기입했다. 이것을 성경 안으로 가져온 사람은 베자이다. 베자는 칼빈의 동역자이자 제자였다. 그래서 베자 판부터 장절의 구분이 오늘날처럼 성경 안으로 들어온 것이다.

킹제임스 성경도 스테파누스 4판부터 만들어진 장절(章節)을 그대로 따랐다. 그런데 문제는 대문자 사본이 그 이후에 발견되어 번역되었기 때문에 생긴 것이다. 영국은 1611년 킹제임스 성경을 출판한 이후, 270여 년이 지난 이후인 1885년에 대문자 사본에서 번역된 영국 개정 성경을 세상에 내놓았다(English Revised Version). 그러나 이미 만들어진 장절을 그대로 수용하고 대문자 사본에 없는 부분은 공란으로 남겨 놓았다. 그들도 대문자 사본을 있는 그대로 번역한 것이다. 다만 한국의 개역 성경은 그 공란 안에 '(없음)'이란 단어를 집어넣은 것이다.

당연히 소문자 사본 계열(TR)을 지지하고 애용했던 사람들 편에서는 분노할 수밖에 없었을 것이다. 그 입장도 충분히 이해가 된다. 잘못하다가는 성경을 불신하는 위험성이 커지기 때문이다. 그래서 킹제임스 성경을 지지하는 사람들의 입장에서는 '본문 비평'이나 '알렉산드리아 사본', '시내 사본', '바티칸 사본'이란 말만 들어도 사탄의 속임수라고 생각한다.

그러나 '본문 비평'에서 '비평'이란 말은 하나님의 말씀을 트집 잡는다는 의미가 아니다. 사본학자들이 대문자 사본과 소문자 사본 사이에 존재하는 상이한 부분들을 더욱 세밀하게 연구하면서 생겨난 말이다. 깊이 생각해 보면 이것도 역시 하나님의 보존의 섭리인 것이다.

대문자 사본과 소문자 사본의 차이는 수세기를 지나왔어도 큰 변화가 없음을 증명하는 것도 되기 때문이다. 오히려 그 차이로 인해 수많은 성경 연구가 지속적으로 일어났으며 말씀에 대한 깊은 관심이 고조되었다. 사도 바울은 빌립보 교회에서 다음과 같이 말했다.

"그러면 무엇이냐? 겉치레로 하나 참으로 하나 무슨 방도로 하든지 전파되는 것은 그리스도니 이로써 나는 기뻐하고 또한 기뻐하리라"(빌 1:18) - 개역개정

야구공에는 마치 상처를 꿰맨 것처럼 보이는 실밥이 있다. 그러나 그 실밥 때문에 야구공은 더 높이, 더 멀리 날아간다. 투수는 그 실밥 때문에 더 빠르고 더 다양한 공을 던질 수 있고, 타자는 그 실밥 때문에 더 많은 홈런을 때릴 수 있다.

골프공도 마찬가지다. 1800년대 중반 즈음에 사람들은 새로 산 매끄러운 골프공보다 오래 사용하여 흠집이 난 골프공이 더 멀리 날아간다는 사실을

발견하게 되었다. 그리하여 오늘날과 같은 홈이 있는 골프공이 만들어진 것이다. 더 멀리 날려 보내기 위해서이다.

　사람들이 생각할 때는 표면이 매끄러운 야구공이나 골프공이 더 멀리 날아갈 것 같지만 실제로는 정반대이다. 이것은 성경에 대한 섭리적 보존을 이해할 수 있는 적절한 비유가 될 것이다.

[사람의 눈에는 꿰맨 상처처럼 보이지만 그것을 만든 사람의 깊은 의도가 숨어 있는 것이다. 하물며 창조주 하나님께서 계획하신 성경의 섭리적 보존은 얼마나 오묘하겠는가?/ fineartamerica.com/istockphoto.com]

　우리의 신앙은 대문자 사본 계열의 성경을 사용하든지 소문자 사본 계열의 성경을 사용하든지 큰 차이가 없다.
　최초로 영어로 인쇄된 성경인 틴데일 성경과 킹제임스 성경은 많은 차이가 있다. 그런 차이가 있다고 할지라도 틴데일 성경도 섭리적으로 보존된 완전한 하나님의 말씀인 것이다.
　그렇다면 당연히 킹제임스 성경도 완전한 하나님의 말씀이요 다른 번역본들도 완전한 하나님의 말씀을 담고 있는 것이다. 그러므로 '없음'이란 단어 때문에 다른 번역본 전체를 부정하려는 태도는 하나님 앞에서 전혀 칭찬받을 일이 아니라고 본다. 모두 하나님 안에서 섭리적으로 보존된 완전한 하나님의 말씀이기 때문이다.

　킹제임스 성경 번역자들은 참으로 놀라운 말을 서문에 남겼다. 이제는 킹제임스 성경 번역자들의 말을 깊이 새겨들어야 할 때가 온 것 같다.

　"... 하나님의 왕국이 단어들과 음절들이 되어야 하는가? 우리가 자유로울 수 있다면, 우리가 또 다른 적합한 단어를 사용하고자 하여 정확한 단어를 넉넉하게 사용한다면 왜 우리가 단어들에게 속박을 받아야 하는가?... 우리가 일반적으로 말이나 불필요한 변화들을 고쳐야 할 때, 이제 더 나은 시대에 이런 일들이 일어난다면, 이처럼 소소한 것들에 관해서 우리는 강한 질책을 마땅히 두려워하게 될지도 모른다... 어쩌면 우리는 야고보의 말, 즉 우리끼리 차별하고 악한 생각으로 판단하는 것으로 비판을 받을지도 모른다(야고보서 2:4). 여기서 한 가지 더한다면, 단어의 기교는 언제나 무익한 것이라고 생각된다. 이름에 대해서 호기심을 갖는 것도 마찬가지이다. 우리 역시 하나님보다 더 나은 웅변의 패턴을 따라갈 수가 없다. 그분께서는 거룩한 성경에서 여러 가지 단어를 사용하시고 또 자연스럽게 한 단어를 그냥 다르게 사용하시기도 하셨다. 만일 우리가 미신적인 사람들이 되지 않는다면, 그분께서 우리에게 주신 사본, 또는 보관된 히브리어와 헬라어로부터 나온 우리의 영어 번역본들 안에서 우리도 동일한 자유를 사용할 수도 있다." - 서문에서 발췌 -

　결론을 맺자면, 킹제임스 성경 번역자들도 언급했듯이, 지금까지의 제시되었던 모든 증거들은 하나님의 위대한 섭리 속에서는 소소한 것들일 뿐이다. 하나님의 왕국은 단어나 문자에 매달려 있는 것이 아니기 때문이다.

또한 특정 사본이나 번역본을 가지고 타인의 신앙을 판단할 수도 없게 하셨다. 우리는 유대인들의 실패를 거울삼아 삼아 하나님 앞에 무엇이 더 중요한 문제인지 뒤돌아볼 때가 되었다고 생각된다.

유대인들은 자신들의 구원자이신 예수님을 앞에 두고서도 예수님이 율법을 지키는지 지키지 아니한지가 그들의 관심사였다. 예수님이 메시아임을 증명하는 수많은 기적과 이적들은 그들의 관심밖에 있었다. 율법을 주신 분도 하나님이요 그들에게 성전을 주신 분도 하나님이셨다는 사실을 완전히 망각했던 것이다.

그러므로 우리의 섬김의 대상은 어떤 사본의 위대함도 아니요 어떤 번역본의 위대함도 아닌 영원무궁토록 경배받기에 합당하신 하나님만 되어야 할 것이다.

"내가 너희에게 이르노니 성전보다 더 큰 이가 이곳에 있느니라. 그러나 내가 긍휼을 원하고 희생물을 원치 아니하노라 하신 말씀이 무슨 뜻인지 너희가 알았더라면 무죄한 자를 정죄하지 아니하였으리니 사람의 아들은 곧 안식일의 주니라"(마 12:6-8) - 흠정역

부록

<〈 부 록 〉>

◎ 1611년 KJV 초판과 1769년판 KJV (또는 현대판)의 차이

   아래의 자료는 미성서공회(ABS)에서 만든 자료이다. 킹제임스 성경 400주년 기념판이 있는 사람들은 얼마든지 이 차이를 눈으로 확인할 수 있다. 인터넷 자료를 통해서도 얼마든지 비교가 가능하다.

(http://www.originalbibles.com)/(https://www.kingjamesbibleonline.org)

   킹제임스 성경의 대대적인 교정은 캠브리지 대학(1762년)과 옥스퍼드 대학(1769년)에서 이루어졌다. 그러므로 오늘날 킹제임스 성경은 1611년 판이 아니라 1769년 옥스퍼드 판이라고 해야 진실에 가깝다. 아직도 출판사마다 통일되지 않는 부분이 있기 때문이다.

1. 동일한 의미지만 다른 단어로 교정된 단어들

성경	1611년 초판	현대판(1769년)	비고
창세기 8:13	**one** yeere	**first** year	
민수기 5:20	Some man **hath** lien	Some man **have** lain	
민수기 7:61	**a** silver bowl	**one** silver bowl	
열왕기상 6:1	**fourscore** yeere	**eightieth** year	기수와 서수는 동일한 의미가 아니다.
열왕기상 16:8	**twentieth** and **sixt**	**twenty** and **sixth**	
열왕기상 16:23	**one** yeere	**first** year	
열왕기상 18:28	cried **loud**	cried **aloud**	
역대기하 26:18	It **pertaineth**	*It appertaineth*	이탤릭은 원어에 없다는 의미이다.

성경	1611년 초판	현대판	비고
역대기하 34:10	**mend** the house	**amend** the house	
욥기 30:6	cli**f**ts	cli**ff**s	clifs(캠브리지판) cliffs (옥스퍼드판)
이사야 8:6	<u>For so much</u>	<u>Forasmuch</u>	
예레미야 34:11	but **afterwards**	but **afterward**	
예레미야 46:26	and **afterwards**	and **afterward**	
에스겔 43:27	**eight** day	**eighth** day	
다니엘 2:27	the **astrologians**	the **astrologers**	
스바냐 3:11	**mine** holy	**my** holy	
마태복음 17:20	**un**possible	**im**possible	
마태복음 19:26	**un**possible	**im**possible	
누가복음 1:37	**un**possible	**im**possible	
누가복음 18:27	**un**possible	**im**possible	
사도행전 10:9	the **house**	the **housetop**	
사도행전 28:8	a bloody-**flixe**	a bloody **flux**	
로마서 11:23	if they **bide** not	if they **abide** not	
고린도전서 14:23	**some** place	**one** place	
베드로후서 1:9	**farre** off	**afar** off	
계시록 17:2	the **inhibiters**	the **inhabitants**	

2. 단어가 교정되어 의미가 변한 단어들

성경	1611년 초판	현대판	비고
출애굽기 31:10	the **clothes** of service	the **cloths** of service	의복 → 옷감
출애굽기 38:11	the **hoopes** of the pillars	the **hooks** of the pillars	테두리 → 갈고리
민수기 6:14	one **lambe**	one **ram**	한 어린양 → 한 숫양
여호수아 3:15	<u>at</u> the time of harvest	<u>all</u> the time of harvest	추수 때에 → 추수기간 내내

열왕기상 18:28	with knives, and **lancers**	with knives and **lancets,**	창기병들 → 창들
역대기하 3:10	the most holy **place**	the most holy **house**	장소 → 집
역대기하 32:5	**prepared** Millo	**repaired** Millo	준비하다 → 보수하다
에스라 2:22	**children** of Netophah	**men** of Netophah	자녀들 → 사람들
욥기 14:17	thou **sowest** up mine iniquitie.	thou **sewest** up mine iniquity.	뿌리다 → 꿰매다
욥기 20:25	the **glistering** sword	the **glittering** sword	반짝이는 칼→ 번쩍거리는 칼
욥기 30:3	**flying** into the wildernesse	**fleeing** into the wilderness	날아가다 → 도피하다
시편 69:32	seeke **good**	seek **God**	선을 찾다 → 하나님을 찾다
시편 139:7	I **flie**	I **flee**	날다 → 피하다
시편 143:9	I **flie**	I **flee**	날다 → 피하다
잠언 28:17	shall **flie**	shall **flee**	날다 → 피하다
전도서 3:7	A time to **rent**	A time to **rend**	빌리다 → 찢다
전도서 3:7	a time to **sow**	a time to **sew**	뿌리다 → 꿰매다
예레미야 49:1	their king inherit **God**	their king inherit **Gad**	하나님 → 갓(지파의 땅)
에스겔 1:17	they **returned** not	they **turned** not	되돌아가다 → 돌이키다
에스겔 13:18	**sow** pillowes	**sew** pillows	뿌리다 → 꿰매다
에스겔 44:23	cause **men** to discerne	cause **them** to discern	사람들 → 그들
에스겔 46:23	a **new** building round	a **row** *of building* round	새로운 → 정열된
호세아 9:11	**flee** away like a bird	**fly** away like a bird	도망하다 → 날아가다
나훔 1:4	the **floure** of Lebanon	the **flower** of Lebanon	곡물 → 꽃
나훔 3:16	**flieth** away	**flieth** away	날아가다 → 도피하다 flieth(캠) fleeth(옥)
마가복음 2:21	No man also **soweth**	No man also **seweth**	뿌리다 → 꿰매다

마가복음 5:6	he **came**	he **ran**	왔다 → 달렸다
마가복음 14:55	all the **counsell** sought	all the **council** sought	'counsell'은 폐어가 되었다.
요한복음 15:20	greater **then** the Lord	greater **than** his lord	단어가 변형되었다.
사도행전 24:24	which was a **Jew**	which was a **Jewess**	유대인 → 유대인 여자
로마서 12:2	**that** acceptable and perfect will of God.	**and** acceptable, and perfect, will of God.	그것 → 그리고 쉼표에도 변화가 있다.
고린도전서 4:9	as it were **approved** to death	as it were **appointed** to death	경험되다 → 정해지다
디모데전서 1:4	rather **then**	rather **than**	단어가 변형됨
디모데전서 6:11	**flie** these things	**flee** these things	제네바 성경 (1560)은 'flee' 이다.
계시록 12:14	**flee** into the wildernesse	**fly** into the wilderness	도피하다 → 날아가다

3. 고대어를 현대어로 교정한 단어들

성경	1611년 판	현대판	비고
사무엘하 9:5	and **fet** him	and **fetched** him	1611판에는 'fet'과 'fetch'가 있다. 그러나 'fet'은 더 이상 사용하지 않는 단어가 되었다.
사무엘하 11:27	and **fet** her	and **fetched** her	
열왕기상 7:13	and **fet** Hiram	and **fetched** Hiram	
열왕기상 9:28	and **fet** from thence	and **fetched** from thence	
열왕기하 4:35	the child **neesed**	the child **sneezed**	
열왕기하 11:4	and **fet** the rulers	and **fetched** the rulers	
역대기하 12:11	and **fet** them	and **fetched** them	
욥 10:10	and **cruddled** me	and **curdled** me	

욥 18:9	The **grinne** shall take him	The **gin** shal ltake *him*	1611년 판에는 '올무'인 'grinne'와 'ginne'가 나온다. 현재는 둘 다 폐어이다. 'gin'으로 통일되었다.
*이사야 8:14	for a **ginne**	for a **gin**	
시편 140:5	they have set **grinnes**	they have set **gins**	
시편141:9	the **grinnes**	the **gins**	
전도서 1:13	travell	travail	초판에는 'travile'과 'travell' 모두 사용되었다. 현대판은 둘 다 폐어가 되어 'travail'로 변화되었다.
전도서 4:6	travell	travail	
전도서 4:8	travell	travail	
전도서5:14	travell	travail	
이사야 13:8	travelleth	travaileth	
이사야 21:3	travelleth	travaileth	
이사야 23:4	travell	travail	
이사야 53:11	travell	travail	
이사야 54:1	travell	travail	
예레미야 4:31	travell	travail	
예레미야 15:7	**sith** they returne	*since* they return	
예레미야 22:23	a woman in **travell** ?	a woman in **travail** !	초판에는 물음표로 되어 있다.
예레미야 23:38	But **sith** ye say	But **since** ye say	
예레미야 26:23	And they **fet** foorth	And they **fetched** forth	
예레미야 31:8	and her that **travelleth** with child	and her that **travaileth** with child	
예레미야 36:21	to **fet** the roule	to **fetch** the roll	
예레미야 49:24	as a woman in **travell**	as a woman in **travail**	
예레미야 50:43	as of a woman in **travell**	as of a woman in **travail**	
예레미야 애가3:5	with gall and **travel**	with gall and **travail**	
에스겔 10:5	to the **utter court**	to the **outer court**	
미가서 4:9	as a woman in **travell**	as a woman in **travail**	
미가서 4:10	like a woman in **travell**	like a woman in **travail**	
마태복음 24:50	hee is not **ware** of	he is not **aware** of	
누가복음 12:46	hee is not **ware**	he is not **aware**	

성경	1611년 판	현대판	비고
사도행전 28:13	wee **fet** a compasse	we **fetched** a compass	
디모데전서 2:9	with **shamefastnesse**	with **shamefacedness**	단어가 변형되었다.

4. 소유격이 교정된 단어들

1611년 당시에는 소유격에 '아포스트로피'를 사용하지 않아서 소유격인지 복수형인지 구별할 수가 없었다. 현대 성경은 이것을 교정했다.

성경	1611년 판	현대판	비고
창세기 31:1	all that was our **fathers**	all that was our **father's**	
레위기 25:5	**it** owne accord	**its** own accord	
민수기 24:6	by **theriver** side	by **theriver's** side	
사사기 11:2	his **wives sons**⋯our **fathers** house	his **wife's sons**⋯our **father's** house	
사무엘상 2:13	**Priests** servant	**priests'** servant	
열왕기상 15:14	**Asa his** heart was perfect	**Asa's** heart was perfect	
역대기상 7:2, 40	**Fathers** house	**father's** house	
에스라 2:59	**Fathers** house	**father's** house	
에스더 3:4	**Mordechai his** matters	**Mordechai's** matters	
시편 6:4	for thy **mercies** sake	for thy **mercies'** sake	
시편 31:16	for thy **mercies** sake	for thy **mercies'** sake	
시편 44:26	for thy **mercies** sake	for thy **mercies'** sake	
시편 81:12	their owne **hearts** lust	their own **hearts'** lust	
시편 140:3	**adders** poison	**adders'** poison	
잠언 26:3	the **fooles** backe	the **fool's** back	
잠언 31:14	the **merchants** ships	the **merchants'** ships	

성경	1611년 판	현대판	비고
에스겔 1:2	king **Jehoiakins** captivitie	king **Jehoiachin's** captivity	
에스겔 7:11	nor of any of **theirs**	nor of any of **their's**	theirs (캠) their's (옥)
에스겔 22:10	their **fathers** nakednesse	their **fathers'** nakedness	
에스겔 44:30	shall be the **priests**	shall be the **priest's**	
다니엘 2:41	part of **potters** clay	part of potters' clay	
마태복음 14:9	for the **othes** sake	for the **oath's** sake	
로마서 4:19	**Saraes** wombe	**Sara's** womb	
고린도전서 10:29	but of the **others**… another **mans** conscience?	but of the **other**… another *man's* conscience?	'others'와 'other'는 아주 다른 의미이다.

5. 단수가 복수로, 복수가 단수로 교정된 단어들

성경	1611년 판	현대판	비고
창세기 23:10	the **gates** of his citie	the **gate** of his city	
창세기 39:1	the **hand** of the Ishmeelites	the **hands** of the Ishmeelites	
창세기 47:6	any **man** of activtie	*any* **men** of activity	
출애굽기 23:13	the **names** of other gods	the **name** of othe rgods	
출애굽기 29:26	Aarons **consecrations**	Aaron's **consecration**	
출애굽기 35:29	the **hands** of Moses	the **hand** of Moses.	
레위기 2:4	an unleauened **cake**	unleavened **cakes**	
레위기 10:14	the **sacrifice** o fpeace offerings	the **sacrifices** of peace offerings	
레위기 22:10	a soiourner of the **Priests**	a sojourner of the **priest**	
레위기 25:31	which have no **walles**	which have no **wall**	
민수기 1:2	every male by their **polle**	every male by their **polls**	

민수기 1:18	by their **polle**	by their **polls**	
민수기 1:20	by their **polle**	by their **polls**	
민수기 4:40	by the **houses** of their fathers	by the **house** of their fathers	
신명기 16:4	in all thy **coasts** seven dayes	in all thy **coast** seven days	
신명기 23:25	thy **neighbours,**	thy **neighbour,**	
신명기 28:29	at **noone dayes**	at **noonday**	
신명기 28:42	the **locusts** consume.	the **locust** consume.	
여호수아 7:14	and the **housholdes**	and the **household**	
사무엘상 20:5	in the **fields**	in the **field**	
사무엘상 28:7	And his **servant** said	And his **servants** said	
열왕기상 3:12	to thy **word:**	to thy **words:**	
열왕기상 13:11	and his **sonne** came	and his **sons** came	
열왕기하 9:23	turned his **hand**	turned his **hands**	
열왕기하 21:21	in all the **wayes**	in all the **way**	
열왕기하 22:2	the **wayes** of David	the **way** of David	
열왕기하 24:13	and the **treasure** of the kings	and the **treasures** of theking's	
역대기상 3:19	And the **sonne** of Zerubbabel,	and the **sons** of Zerubbabel;	
역대기상 7:35	And the **sonne** of his brother,	And the **sons** of his brother	
역대기하 31:6	in the **tithes** of oxen	in the **tithe** of oxen	
역대기하 33:19	and all his **sinne**	and all his **sins**	sinne(캠) sins(옥)
시편 141:9	from the **snare**	from the **snares**	
시편 148:8	and **vapour**	And **vapours**	vapour(캠) vapours(옥)
아가서 4:6	to the **mountaines**	to the **mountain**	
아가서 5:12	by the rivers of **water**	by the rivers of **waters**	
이사야 10:34	the **forrests** with yron	the **forest** with iron	
이사야 49:13	Sing, O **heaven,**	Sing, O **heavens;**	

예레미야 4:6	Set up the **standards**	Set up the **standard**	
예레미야 23:30	that steale my **worde**	that steal my **words**	
예레미야 51:12	set up the **watchman:**	set up the **watchmen,**	
에스겔 32:25	with all her **multitudes:**	with all her **multitude:**	
에스겔 34:28	the **beasts** of the land	the **beast** of the land	
아모스 1:1	two **yere** before the earthquake	two **years** before the earthquake	
아모스 8:3	And the songs of the **Temples**	And the songs of the **temple**	
말라기 3:4	Then shall the **offerings**	Then shall the **offering**	
마태복음 26:75	the **words** of Jesus	the **word** of Jesus	
마가복음 10:46	the **highwayes** side	the **highway** side	
누가복음 1:74	the **hands** of our enemies	the **hand** of our enemies	
누가복음 8:5	by the **wayes** side	by the **way** side;	
누가복음 11:16	And **other** tempting him,	And **others,** tempting *him,*	
누가복음 18:9	despised **other:**	despised **others:**	
요한복음 11:3	Therefore his **sister** sent	Therefore his **sisters** sent	
사도행전 7:35	by the **handes** of the Angel	by the **hand** of the angel	
로마서 11:28	for your **sake:**	for your **sakes:**	
고린도전서 10:29	but of the **others**	but of the **other**	
고린도후서 5:1	with **hand**	with **hands**	
고린도후서 11:26	In **journeying** often	*In* **journeyings** often	
빌립보서 4:6	let your **request**	let your **requests**	
골로새서 1:21	**sometimes** alienated,	**sometime** alienated	
히브리서 3:10	erre in their **hearts,**	err in *their* **heart;**	
베드로전서 2:5	spirituall **sacrifice,**	spiritual **sacrifices,**	
계시록 17:4	and precious **stone**	and precious **stones**	

6. 부정관사에서 정관사로, 정관사에서 부정관사로 교정된 단어들

성경	1611년 판	현대판	비고
잠언 25:24	in **a** corner	in **the** corner	
에스겔 42:17	with **a** measuring reed	with **the** measuring reed	
호세아 13:3	with **a** whirle winde	with **the** whir lwind	부정관사와 정관사는 큰 차이가 있다.
누가복음 19:9	he also is **the** sonne of Abraham.	he also is **a** son of Abraham	
누가복음 20:12	he sent **the** third,	he sent **a** third:	
로마서 14:6	He that regardeth **a** day	He that regardeth **the** day	

7. 전혀 다른 대명사로 교정된 단어들

성경	1611년 판	현대판	비고
창세기 39:16	untill **her** lord came home.	until **his** lord came home.	성(性)이 바뀌었다.
레위기15:33	with her **which** is uncleane.	with her **that** is unclean.	
룻기 3:15	and **he** went into the city.	and **she** went into the city.	성(性)이 바뀌었다.
역대기하 28:22	And in the time of **this** distresse	And in the time of **his** distress	
욥기 39:30	and where the slaine are, there is **he**.	and where the slain *are*, there *is* **she**.	성(性)이 바뀌었다.
시편 107:43	and will observe **those** things;	and will observe **these** *things,*	
잠언 6:19	and **him** that soweth	and **he** that soweth	
예레미야 34:16	whome **yee** had set at libertie	whom **ye** had set at liberty	ye(캠) he(옥)
예레미야 40:1	The word **which** came to Ieremiah	The word **that** came to Jeremiah	

성경	1611년 판	현대판	비고
예레미야 51:30	they have burnt **their** dwelling places:	they have burned **her** dwelling places;	
에스겔 6:8	that **he** ma yhave some,	that **ye** may have *some*	
에스겔 24:5	and let **him** seethe the bones of it therein.	and let **them** seethe the bones of it therein.	
에스겔 26:14	**they** shall bee a place to spread nets upon:	**thou** shalt be *a place* to spread nets upon;	
에스겔 48:8	**they** shall offer of five	**ye** shall offer of five	
호세아 4:4	for **this people** are as they	for **thy people** *are* as they	
호세아 13:3	and as the early dew **it** passeth away,	and as the early dew **that** passeth away,	
요엘1:16	before **your** eyes,	before **our** eyes,	
마가복음14:36	not **that** I will,	not **what** I will,	
요한복음8:30	As hee spake **those** words,	As he spake **these** words,	
야고보서2:16	be **you** warmed	be *ye* warmed	
야고보서 5:4	**which** have reaped downe	**who** have reaped down	
요한일서 2:29	every one **which** doeth righteousnesse,	every one **that** doeth righteousness	

8. 접속사가 교정된 단어들

성경	1611년 판	현대판	비고
레위기 11:10	And all that haue not finnes **nor** scales in the seas,	And all that have not fins **and** scales in the seas,	
민수기 36:3	**whereinto** they are received:	**whereunto** they are received:	
여호수아 19:2	Beer-sheba, **or** Sheba,	Beersheba, **or** Sheba,	or (캠), and (옥)

성경	1611년 판	현대판	비고
시편 24:3	the hill of the Lord? **and** who shall stand	the hill of the LORD? **or** who shall stand	
예레미야 16:2	sonnes **nor** daughters in this place.	sons **or** daughters in this place.	

9. 전치사가 교정된 단어들

성경	1611년 판	현대판	비고
레위기 1:8	the wood that is **in** the fire	the wood that *is* **on** the fire	
신명기 4:49	And all the plaine **of this side** Iordan Eastward	And all the plain **on this side** Jordan eastward	
사무엘하 16:8	thou art taken **to thy** mischiefe,	thou *art taken* **in thy** mischief,	
열왕기상 22:2	And it came to passe **on the third** yere,	And it came to pass **in the third** year,	
열왕기하 20:17	shall be caried **unto** Babylon	shall be carried **into** Babylon	
역대상 11:15	went downe to the rocke **of David**	went down to the rock **to David**	
역대상 29:6	with the **rulers over** the Kings worke,	with the **rulers of** theking's work	
이사야 44:20	He feedeth **of ashes**:	He feedeth **on ashes**:	
에스겔 39:11	And it shal come to passe **at that day**,	And it shall come to pass **in that day**,	
마가복음 11:8	and others cut downe branches **of the trees**	and others cut down branches **off the trees**	
누가복음 23:19	was cast **in prison**.	was cast **into prison**.	
사도행전 25:6	sitting **in the** iudgement seat,	**on the judgment seat** commanded	
베드로전서 5:10	**into** his eternall glory by Christ Iesus	**unto** his eternal glory by Christ Jesus	
요한계시록 22:2	and **of either side** of the river,	and **on either side** of the river,	

10. 동일한 부정의 의미지만 다른 단어로 교정

성경	1611년 판	현대판	비고
마태복음 13:6	they had **not** root,	they had **no** root,	
마가복음 10:18	There is **no** man good, but one,	there is **none** good but one,	
고린도전서 13:2	and have **no** charitie,	and have **not** charity,	

11. 전치사와 접속사 교정

성경	1611년 판	현대판	비고
여호수아 3:11	Behold, the Arke of the Covenant, **even** the Lord of all the earth,	Behold, the ark of the covenant **of** the Lord of all the earth	
역대기상 26:18	**And** Parbar Westward,	**At** Parbar westward,	
스가랴 7:7	when men inhabited the South **of the** plaine?	when *men* in habited the south **and the** plain?	
고린도전서 15:6	**And that** hee was seene of above five hundred brethren	**After that,** he was seen of above five hundred brethren	

12. 소유격이 첨가되어 교정된 단어들

성경	1611년 판	현대판	비고
레위기 1:9	But **thein wards** and his legges	But **his in wards** and his legs	마소라에는 3인칭 남성 단수가 있다.

레위기 23:22	riddance of the corners **of the field**	riddance of the corners **of thy field**	마소라 성경과 비교하면 수정된 근거가 더욱더 분명해진다. 시간이 흘러감에 따라 더욱더 원어에 가깝게 수정된 것이다.
레위기 25:6	and for **the stranger** tha tsoiourneth with thee,	and for **thy stranger** that sojourneth with thee,	
민수기 9:18	they rested **in the tents.**	they rested **in their tents.**	
신명기 15:11	and to thy needy **in the land.**	and to thy needy, **in thy land.**	
신명기 16:5	the Passeover within any of **the gates,**	the passover within any of **thy gates,**	
신명기 28:23	And **the heaven** that is over thy head	And **thy heaven** that *is* over thy head	
여호수아 7:26	Wherefore the name of **the place** was called	Wherefore the name of **that place** was called	
사사기 14:17	while **the feast** lasted:	while **their feast** lasted:	
사무엘상 6:7	and bring **the calves** home from them.	and bring **their calves** home from them:	
사무엘상 10:23	from **the shoulders**	from **his shoulders**	
열왕기상 15:19	come and breake **the league**	come and break **thy league**	
열왕기하 15:15	and **the conspiracy** which he made,	and **his conspiracy** which he made,	
역대기하 6:27	and send raine upon **the land,**	and send rain upon **thy land,**	
느헤미야 9:17	neither were mindful of **the wonders**	neither were mindful of **thy wonders**	
에스더 4:4	and to take away **the sackcloth**	and to take away **his sackcloth**	
시편 105:30	**The land** brought foorth frogs in abundance:	**Their land** brought forth frogs in abundance,	
잠언 27:26	and the goates are the price of **thy field.**	and the goats *are* the price of **the field.**	마소라 성경에는 소유격이 없다.
전도서 1:5	and hasteth to **the place**	and hasteth to **his place**	

이사야 47:6	thou very heavily layed **the yoke.**	thou very heavily laid **thy yoke.**	
예레미야 28:6	the Lord performe **the words**	the LORD perform **thy words**	
예레미야 51:27	cause **her horses** to come up	cause **the horses** to come up	
에스겔 5:1	then take **the ballances** to weigh,	then take **thee balances** to weigh,	
에스겔 36:15	neither shalt thou cause **the nations** to fall anymore	neither shalt thou cause **thy nations** to fall anymore	
다니엘 3:18	nor worship **thy golden image,**	nor worship **the golden image.**	마소라 성경에는 소유격이 없다.
다니엘 12:13	and stand in **the lot** at the end of the dayes.	and stand in **thy lot** at the end of the days.	
요일 3:13	for **the wickednesse** is great.	for **their wickedness** *is* great.	
나훔 3:17	**The crowned** are as the locusts,	**Thy crowned** *are* as the locusts,	
요한복음 15:20	The servant is not greater then **the Lord:**	The servant is not greater than **his lord.**	원어에는 소유격이 있다.
로마서 7:2	from the law of **the husband.**	from the law of *her* husband.	원어에 소유격이 없기에 이탤릭체로 교정되었다.
에베소서 4:24	And that yee put on **that new man,**	And that ye put on **the new man,**	
데살로니가후서 2:14	the glorie of **the Lord** Iesus Christ.	the glory of **our Lord** Jesus Christ.	
디모데후서 2:19	having **the seale**	having **this seal**	원어(TR)에는 지시 대명사가 있다.

13. 동사의 시제가 교정된 단어들

성경	1611년 판	현대판	비고
창세기 47:18	my lord also **had** our heards of cattell:	my lord also **hath** our herds of cattle;	
레위기 5:10	which he **had** sinned,	which he **hath** sinned,	
레위기 13:29	If a man or woman **hath** a plague	If a man or woman **have** a plague	
레위기 25:23	for ye **were** strangers	for ye ***are*** strangers	
민수기 5:20	and some man **hath** lien with thee	and some man **have** lain with thee	
민수기 30:8	But if her husband **disallowe** her	But if her husband **disallowed her**	
신명기 2:37	the Lord our God **forbade** us.	the LORD our God **forbad** us.	
사무엘하 6:12	and all that **pertained** unto him,	and all that ***pertaineth*** unto him,	
열왕기상 15:27	which **belongeth** to the Philistines,	which ***belonged*** to the Philistines;	
열왕기하 12:18	kings of Iudah had **dedicate,**	kings of Judah, had **dedicated,**	
역대기상 26:20	the treasures of the **dedicate** things.	the treasures of the **dedicated** things.	
역대기상 26:26	all the treasures of the **dedicate** things,	all the treasures of the **dedicated** things,	
역대기상 28:12	the treasuries of the **dedicate** things:	the treasuries of the **dedicated** things:	
역대기하 24:7	and also all the **dedicate** things	and also all the **dedicated** things	
역대기하 31:12	and the **dedicate** things, faithfully:	and the **dedicated** *things* faithfully:	
시편 115:3	whatsoever he **pleased.**	whatsoever he **hath pleased.**	
시편 119:102	That I **may** keepe thy word.	That I **might** keep thy word.	

이사야 64:1	thou wouldest **rent** the heavens,	thou wouldest **rend** the heavens,	
예레미야 1:13	and the face thereof **was** to wards the North.	and the face thereof *is* toward the north.	
예레미야 48:36	that hee hath gotten **is** perished.	*that* he hath gotten **are** perished.	
에스겔 36:2	that hee hath gotten **is** perished.	*that* he hath gotten **are** perished.	
다니엘 3:19	it was wont to be **heat.**	it was wont to be **heated.**	
아모스 9:5	and all that **dwelleth** therein shall mourne,	and all that **dwell** therein shall mourn:	
스가랴 4:2	which **were** upon the top thereof.	which *are* upon the top thereof:	
마태복음 27:22	Pilate **said** unto them,	Pilate **saith** unto them,	
마가복음 6:7	And he **calleth** unto him the twelve,	And he **called** *unto him* the twelve,	
누가복음 8:8	And when hee **saide** these things,	And when he **had** said these things,	
요한복음 11:34	They **say** unto him,	They **said** unto him,	
요한복음 12:22	and againe Andrew and Philip **told** Iesus.	and again Andrew and Philip **tell** Jesus.	
요한복음 21:17	He **said** unto him the third time,	He **saith** unto him the third time,	
고린도전서 7:32	the things that **belogeth** to the Lord,	the things that **belong** to the Lord,	
에베소서 1:9	which he **had** purposed in himselfe,	which he **hath** purposed in himself:	
요한일서 3:17	and seeth his brother **hath** need,	and seeth his brother **have** need,	
요한계시록 13:6	and them that **dwelt** in heaven.	and them that **dwell** in heaven.	

14. 단어의 순서가 교정된 단어들

성경	1611년 판	현대판	비고
민수기 3:13	mine **they shall** be:	mine **shall they** be:	
열왕기하 23:21	as it is written **in this booke of the** Covenant.	as *it is* written **in the book of this** covenant.	
욥기 4:6	thy confidence; **the uprightnesse of thy wayes and thy hope?**	thy confidence, **thy hope, and the uprightness of thy ways?**	
시편 132:12	their children **also shall** sit upon thy throne forevermore.	their children **shall also** sit upon thy throne forevermore.	
이사야 6:8	Then **I saide; Heere am I**, send me.	Then **said I**, Here *am* I; sendme.	
다니엘 6:13	That Daniel which is of **the captivity of the children** of Iudah,	That Daniel, which *is* of **the children of the captivity** of Judah,	
요한복음 5:18	**not onely because hee** had broken the Sabbath,	**because he not only** had broken the sabbath,	
사도행전 19:19	Many **also of them**	Many **of them also**	
로마서 3:24	that is in **Jesus Christ**:	that is in **Christ Jesus**:	
로마서 6:12	Let not sinne **reigne therfore**	Let not sin **therefore reign**	
로마서 7:13	Was **that then** which is good,	Was **then that** which is good	

15. 마침표와 쉼표가 교정된 것들

(콜론과 세미콜론, 쉼표가 수정된 곳은 헤아릴 수도 없이 많다. 몇 가지만 실었다)

성경	1611년 판	현대판	비고
사무엘하 4:4	had a sonne that was lame of his **feete, and was** five yeeres olde	had a son *that was* lame of *his* **feet. He was** five year sold	마침표와 쉼표는 기능이 전혀 다르다.
욥기 4:6	thy **confidence;** the uprightnesse of thy wayes and thy hope?	thy **confidence,** thy hope, and the uprightness of thy ways?	문장 안에서 세미콜론과 쉼표도 기능이 다르다.
사도행전 27:18	And being exceedingly tossed **with a tempest the next day,** they lightened the ship:	And we being exceedingly tossed **with a tempest, the next *day*** they lightened the ship;	1611판은 '다음 날 풍랑이 일어났다'는 의미이다. 현대판은 '다음 날 배를 가볍게 했다'는 뜻이다.

16. 이름이 교정된 단어들

성경	1611년 판	현대판	비고
창세기 5:32	and Noah begate **Sem,**	and Noah begat **Shem,**	
창세기 6:10	**Sem,** Ham, and Iapheth.	**Shem,** Ham, and Japheth.	
창세기 7:13	and **Sem,** and Ham, and Iapheth,	and **Shem,** and Ham, and Japheth,	
열왕기하 19:2	to Esai the Prophet the sonne of Amoz.	to Isaiah the prophet the son of Amoz.	1611년 판에는 '이사야'와 '아모스' 이름의 철자를 다르게 기록했다. 현대판은 이것을 교정했다.
열왕기하 20:1	and the Prophet Isaiah the sonne of Amos	And the prophet Isaiah the son of Amoz	
열왕기하 24:19	according to all that Jehoiachin had done.	according to all that Jehoiakim had done.	'여호야긴'과 '여호와김'은 전혀 다른 인물이다.

성경	1611년 판	현대판	비고
예레미야 52:31	the captivitie of **Jehoiakin** king of Judah,	the captivity of **Jehoiachin** king of Judah,	
로마서 4:19	neither yet the deadnes of **Saraes** wombe.	neither yet the deadness of **Sara's** womb:	
로마서 9:9	and **Sara** shall have a sonne.	and **Sara** shall have a son.	Sara(캠) Sarah(옥)
고린도전서 9:9	For it is written in the Law of **Moyses,**	For it is written in the law of **Moses,**	
고린도전서 10:2	And were all baptized unto **Moyses**	And were all baptized unto **Moses**	

17. 정관사 또는 부정관사가 첨가되어 교정된 단어들

성경	1611년 판	현대판	비고
창세기 22:7	Behold the fire and **wood:**	Behold the fire and **the wood:**	
창세기 36:14	the daughter of Anah, **daughter** of Zibeon Esaus wife:	the daughter of Anah **the daughter** of Zibeon, Esau's wife:	
출애굽기 34:25	the sacrifice of the feast of **Passeover**	the sacrifice of the feast of **the passover**	
레위기 11:3	cheweth **cud** among the beasts,	cheweth **the cud,** among the beasts,	
신명기 4:32	God created man upon **earth,**	God created man upon **the earth,**	
신명기 9:10	out of the midst of **fire,**	out of the midst of **the fire**	
신명기 20:7	lest he die in **battell,**	lest he die in **the battle,**	
여호수아 3:10	and the Perizzites, and **Girgashites,**	and the Perizzites, and **the Girgashites,**	

여호수아 12:6	unto the Reubenites, and **Gadites,**	unto the Reubenites, and **the Gadites,**	
여호수아 13:23	the cities, and **villages** thereof.	the cities and **the villages** thereof.	
사무엘상 25:16	we were with them keeping **sheepe.**	we were with them keeping **the sheep.**	
에스라 7:18	with the rest of the silver and **gold;**	with the rest of the silver and **the gold,**	
시편 99:2	and he is high above **all people.**	and he *is* high above **all the people.**	
예레미야 35:13	and **inhabitants** of Ierusalem,	and **the inhabitants** of Jerusalem,	
에스겔 11:24	and brought me **in vision** by the spirit of God	and brought me **in a vision** by the Spirit of God	
마태복음 16:16	Thou art **Christ** the sonne of the living God.	Thou art **the Christ,** the Son of the living God.	
마태복음 27:52	and many bodies of **Saints** which slept, arose,	and many bodies of **the saints** which slept arose,	
마가복음 2:4	nigh unto him for **preasse,**	nigh unto him for **the press,**	
사도행전 5:34	named Gamaliel, a doctour of **Law,**	named Gamaliel, a doctor of **the law,**	
사도행전 18:5	Paul was pressed in **spirit,**	Paul was pressed in **the spirit,**	
고린도전서 14:15	and wil pray with **understanding** also:	and I will pray with **the understanding** also:	
갈라디아서 3:13	Cursed is every one that hangeth on **tree:**	Cursed *is* everyone that hangeth on **a tree:**	

18. 대명사가 첨가되어 교정된 단어들

성경	1611년 판	현대판	비고
신명기 4:25	and shalt have remained long in the land,	and ye shall have remained long in the land,	수정의 기준은 마소라 성경이다.
사무엘하 4:4	had a sonne that was lame of his feete, and was five yeere solde	had a son *that was* lame of *his* feet. He was five years old	쉼표도 수정되었다.
사무엘하 16:12	and that the Lord will requite good for his cursing this day.	and that the LORD will requite me good for his cursing this day.	
열왕기상 13:6	and the kings hand was restored againe,	and the king's hand was restored him again,	
열왕기하 8:19	as hee promised to give to him alway a light,	as he promised him to give him always alight,	
역대기하 29:23	and laide their hands upon them:	and they laid their hands upon them:	
느헤미야 2:12	what God had put in my heart	what my God had put in my heart	
잠언 7:21	With much faire speech	With her much fair speech	
이사야 51:16	and have covered thee in the shadow	and I have covered thee in the shadow	
이사야 57:8	and made a covenant with them:	and made thee *a covenant* with them;	
예레미야 12:15	and will bring againe	and will bring them again,	
예레미야 31:14	and my people shall be satisfied with goodnesse,	and my people shall be satisfied with my goodness,	
다니엘 1:12	and let them give pulse to eat,	and let them give us pulse to eat,	

성경	1611년 판	현대판	비고
아모스 1:11	**and kept** his wrath for ever.	**and he kept** his wrath forever:	
말라기 2:2	**and will** curse your blessings:	**and I will** curse your blessings:	
말라기 4:2	**and shall** goe foorth and grow up	**and ye shall** go forth, and grow up	
마태복음 3:12	**but wil** burne up the chaffe	**but he will** burn up the chaff	
사도행전 27:18	**And being** exceedingly tossed with a tempest	**And we being** exceedingly tossed with a tempest,	
로마서 4:12	**but also** walke in the steppes of that faith of our father Abraham,	**but who also** walk in the steps of that faith of our father Abraham,	
고린도전서 14:15	and **wil** pray with vnder standing also:	and **I will** pray with the understanding also:	

19. 전치사, 또는 소유격이 첨가되어 교정된 단어들

성경	1611년 판	현대판	비고
레위기 7:23	Ye shall eat no **maner fat of** oxe, or of sheepe, or of goat.	Ye shall eat no **manner of fat,** of ox, or of sheep, or of goat.	
레위기 14:54	This is the law for all **manner plague** of leprosie and skall,	This *is* the law for all **manner of plague** of leprosy, and scall,	
민수기 20:5	it is no place of seed, or of figges, **or vines,**	it *is* no place of seed, or of figs, **or of vines,**	
사사기 1:31	nor the inhabitants of Zidon, nor of Ahlab, **nor Achzib, nor Helbath, nor Aphik,** nor of Rehob:	nor the inhabitants of Zidon, nor of Ahlab, **nor of Achzib, nor of Helbah, nor of Aphik,** nor of Rehob:	

성경	1611년 판	현대판	비고
열왕기상 16:19	to make Israel **sinne.**	to make Israel **to sin.**	
에스라 8:21	at the river **Ahava,**	at the river **of Ahava,**	
느헤미야 7:59	the children of Pochereth **Zebaim,**	the children of Pochereth **of Zebaim,**	
이사야 10:26	to the slaughter of Midian at the rocke **Oreb:**	to the slaughter of Midian at the rock **of Oreb:**	
예레미야 42:16	shall follow close after you **in Egypt,**	shall follow close after you **there in Egypt;**	
사도행전 24:14	which are written in the Law and **the Prophets,**	which are written in the law and **in the prophets:**	
히브리서 8:8	I will make a new covenant with the house of Israel, and **the house** of Judah.	I will make a new covenant with the house of Israel and **with the house** of Judah:	
요한계시록 1:11	and **Philadelphia,** and unto Laodicea.	and **unto Philadelphia,** and unto Laodicea.	

20. 접속사가 첨가되어 교정된 단어들

성경	1611년 판	현대판	비고
출애굽기 23:23	and the Canaanites, **the Hivites,** and the Jebusites:	and the Canaanites, **the Hivites,** and the Jebusites:	이 구절은 출판사 마다 다른 부분이 있다.
역대기상 6:60	**Anathoth** with her suburbes.	**and Anathoth** with her suburbs.	
역대기상 29:2	**the silver** for things of silver,	**and the silver** for *things* of silver,	
역대기하 32:20	**For** this cause Hezekiah the king,	**And for** this *cause* Hezekiah the king,	

에스더 1:8	<u>for</u> the king had appointed to	<u>for so</u> the king had appointed to	
욥기 41:5	<u>wilt</u> thou binde him for thy maydens?	<u>or wilt</u> thou bind him for thy maidens?	
시편 62:10	<u>become</u> not vaine in robberie:	<u>and become</u> not vain in robbery:	
시편 107:19	<u>he saveth</u> them out of their distresses.	*and* <u>he saveth</u> them out of their distresses.	
시편 113:9	<u>to be</u> a ioyfull mother of children:	*<u>and to be</u>* a joyful mother of children.	
이사야 34:11	<u>The cormorant</u> and the bitterne	<u>But the cormorant</u> and the bittern	
예레미야 26:18	and the mountaine of the house, the hie places of a forrest.	and the mountain of the house **as** the high places of a forest.	
예레미야 31:18	<u>thou</u> art the Lord my God.	<u>for thou</u> *art* the LORD my God.	
에스겔 23:23	all the the Assyrians with them,	*and* all the Assyrians with them:	
마태복음 16:19	<u>whatsoever</u> thou shalt loose on earth,	<u>and whatsoever</u> thou shalt loose on earth	
누가복음 17:34	<u>the other</u> shall be left.	<u>and the other</u> shall be left.	
사도행전 2:22	by miracles, <u>wonders, and</u> signes,	by miracles **and** <u>wonders</u> and signs,	
로마서 14:10	<u>Wee</u> shall all stand before the Iudgement seat of Christ.	<u>for we</u> shall all stand before the judgment seat of Christ.	
고린도전서 10:28	<u>The earth</u> is the Lords, and the fulnesse thereof.	<u>for the earth</u> *is* the Lord's, and the fulness thereof:	
고린도후서 8:21	<u>but</u> in the sight of men.	<u>but also</u> in the sight of men.	
고린도후서 9:5	as a matter of bountie, not of couetousnesse.	as *a matter of* bounty, <u>and</u> not <u>as</u> *of* covetousness.	

성경	1611년 판	현대판	비고
갈라디아서 5:15	take heed ye be not consumed one of another.	take heed **that** ye be not consumedone of another.	
디모데후서 1:7	but of power, of love, and of a sound minde.	but of power, **and** of love, and of a sound mind.	
요한일서 2:16	the lust of the flesh, the lust of the eyes,	the lust of the flesh, **and** the lust of the eyes,	
요한계시록 5:13	Blessing, **honour,** glory, and power bee unto him	Blessing, **and honour,** and glory, and power, *be* unto him	

21. 부정어가 첨가되어 교정된 구절

성경	1611년 판	현대판	비고
에스겔 24:7	she powred **it upon** the ground to coverit with dust:	she poured **it not upon** the ground, to cover it with dust;	
마태복음 12:23	**Is this** the sonne of David?	**Is not this** the son of David?	

22. 단어가 첨가되어 교정된 단어와 구절들

성경	1611년 판	현대판	비고
창세기 19:21	I have accepted thee concerning this thing,	I have accepted thee concerning this thing **also,**	
출애굽기 15:25	there he made a statute	there he made **for them** a statute	

출애굽기 21:32	hee shall give unto their master thirty shekels,	he shall give unto their master thirty shekels **of silver,**	
출애굽기 26:8	and the eleven shalbe all of one measure.	and the eleven **curtains** *shall be all* of one measure.	
출애굽기 35:11	his taches, and his barres, his pillars,	his taches, and **his boards,** his bars, his pillars,	
레위기 19:34	shalbe as one borne amongst you,	shall be **unto you** as one born among you,	
레위기 20:11	both of them shalbe put to death;	both of them shall **surely be** put to death;	
레위기 26:23	not be reformed by these things,	not be reformed **by me** by these things,	
레위기 26:40	If they shall confesse the iniquitie of their fathers,	If they shall confess **their iniquity, and** the iniquity of their fathers,	
민수기 7:31	charger of an hundred and thirty shekels,	charger **of the weight** of an hundred and thirty *shekels,*	
민수기 7:55	charger of an hundred and thirtie shekels,	charger **of the weight** of an hundred and thirty *shekels,*	
신명기 5:29	and keepe my commandements alwayes,	and keep **all** my commandments always,	
신명기 26:1	the Lord giveth thee for an inheritance,	the LORD **thy God** giveth thee *for* an inheritance,	
여호수아 11:17	unto Baal-Gad, in the valley of Lebanon,	**even** unto Baalgad in the valley of Lebanon	
여호수아 13:29	the halfe tribe of Manasseh,	the half tribe **of the children** of Manasseh	

사무엘상 18:1	when hee made an ende of speaking unto Saul,	when he **had** made an end of speaking unto Saul,	
사무엘상 18:27	Wherefore David arose, hee and his men, and slew	Wherefore David arose **and went,** he and hismen, and slew	
열왕기상 9:11	that then Solomon gave Hiram twentie cities	that then **king** Solomon gave Hiram twenty cities	
열왕기하 11:10	that were in the Temple.	that *were* in the temple **of the LORD.**	
열왕기하 20:13	and shewed them the house of his precious things,	and shewed them **all** the house of his precious things,	
역대기상 7:5	were men of might,	*were* **valiant** men of might,	
욥기 33:22	His soule draweth neere unto the grave,	**Yea,** his soul draweth near unto the grave,	
시편 44: 제목에서	To the chiefe Musician for the sonnes of Korah.	To the chief Musician for the sons of Korah, **Maschil.**	
시편 115:3	he hath done whatsoever he pleased.	he hath done whatsoever he **hath** pleased.	
잠언 2:16	to come shall be forgotten;	to come shall **all** be forgotten.	
잠언 8:17	because though a man labour to seeke it out, yea further	because though a man labour to seek *it* out, **ye the shall not find** *it*; yea further;	
예레미야 38:16	So the king sware secretly unto Jeremiah,	So **Zedekiah** the king sware secretly unto Jeremiah,	
에스겔 3:11	unto thy people, and speake unto them,	unto **the children of** thy people, and speak unto them,	

에스겔 12:19	because of the violence of them	because of the violence of **all** them	
에스겔 34:31	And yee my flocke of my pasture,	And ye my flock, **the flock** of my pasture,	
다니엘 3:15	into the midst of a fierie furnace,	into the midst of **a burning** fiery furnace;	
마태복음 6:3	what thy right doeth:	what thy right **hand** doeth:	
누가복음 1:3	understanding of things from the very first,	understanding of **all** things from the very first,	
요한복음 7:16	My doctrine is not mine,	**and said,** My doctrine is not mine,	
고린도전서 15:41	another of the moone,	**and** another **glory** of the moon,	
고린도전서 15:48	such are they that are earthy,	such *are* they **also** that are earthy:	
고린도후서 9:6	shall reape sparingly: and he which soweth bountifully, shall reape bountifully.	shall reap **also** sparingly; and he which soweth bountifully shall reap **also** bountifully.	
고린도후서 11:32	kept the citie with a garison,	kept the city **of the Damascenes** with a garrison,	
에베소서 6:24	our Lord Jesus Christ in sinceritie.	our Lord Jesus Christ in sincerity. **Amen.**	
디모데전서 1:4	rather then edifying which is in faith: so doe.	rather than **godly** edifying which is in faith: *so do*.	
디모데후서 4:8	but unto them also	but unto **all** them also	
디모데후서 4:13	but especially the parchments.	**and the books,** *but* especially the parchments.	
히브리어 11:23	and they not afraid of the Kings commandemen.	and they **were** not afraid of the king's commandment.	

성경	1611년 판	현대판	비고
야고보서 5:2	and your garments moth eaten:	and your garments **are** moth eaten.	
베드로전서 2:6	Wherefore it is contLened in the Scripture,	Wherefore **also** it is contained in the scripture,	
요한일서 5:12	and hee that hath not the Sonne, hath not life.	*and* he that hath not the Son **of God** hath not life.	
유다서 1:25	dominion and power, now and ever. Amen.	dominion and power, **both** now and ever. Amen.	
요한계시록 1:4	John to the seven Churches in Asia,	John to the seven churches **which are** in Asia:	

23. 부정관사나 정관사를 삭제하여 교정한 구절

성경	1611년 판	현대판	비고
레위기 2:4	it shall bee **an** unleavened **cake**	*it shall be* unleavened **cakes**	마소라 성경은 복수로 되어 있다.
사무엘상 10:10	a company of **the prophets** met him,	a company of **prophets** met him;	마소라 성경에는 정관사가 없다.
열왕기하 13:24	So Hazael **the king** of Syria dyed,	So Hazael **king** of Syria died;	
역대기하 16:6	where with Baasha was **a building,**	where with Baasha was **building;**	부정관사 하나로 문장 내용이 달라진다.
에스라 4:24	Then ceased the woorke of the house of **the God,**	Then ceased the work of the house of God	마소라 성경에는 정관사가 없다.
잠언 10:23	It is as **a sport** to a foole to doe mischiefe:	*It is* as **sport** to a fool to do mischief:	

성경	1611년 판	현대판	비고
마태복음 9:34	He casteth out **the devils** through the prince of the devils.	He casteth out **devils** through the prince of the devils.	

24. 대명사를 삭제하여 교정한 구절

성경	1611년 판	현대판	비고
출애굽기 37:19	Three bowles made **he** after the fashion of almonds,	Three bowls made after the fashion of almonds in one branch,	
사무엘하 2:9	And **hee** made him king over Gilead,	And made him king over Gilead,	현대판은 마소라 성경에 맞추어서 바르게 삭제되었다.
사무엘하 11:1	And it came to passe, **that** after the yeere was expired,	And it came to pass, after the year was expired,	
이사야 28:4	which when he that looketh upon it, seeth **it,**	which *when* he that looketh upon it seeth,	
디모데후서 1:12	and **I** am perswaded that he is able to keepe	and am persuaded that he is able to keep	원어(TR)에도 1인칭 주어가 없다.

25. 전치사를 교정한 구절

성경	1611년 판	현대판	비고
여호수아 12:2	which is upon the banke of the river **of** Arnon,	which *is* upon the bank of the river Arnon,	

성경	1611년 판	현대판	비고
열왕기하 8:19	as hee promised **to give to him** alway a light, and to his children.	as he promised **him to give him** always a light, *and* to his children.	초판에는 대명사가 삭제되었고 전치사가 첨가 되었다.
고린도전서 12:28	helpes **in** governmets, diversities of tongues.	helps, governments, diversities of tongues.	
히브리서 12:1	and let us runne with patience **unto** the race that is set before us,	and let us run with patience the race that is set before us,	

26. 접속사를 교정한 구절

성경	1611년 판	현대판	비고
사무엘하 4:4	that was lame of his feete, **and** was five yeere solde	*that was* lame of *his* feet. **He** was five years old	이 부분은 마침표, 접속사가 대명사로 수정되었다.
에스겔 18:1	**And** the word of ye Lord came vnto me againe, saying;	The word of the LORD came unto me again, saying,	
누가복음 3:21	**and** it came to passe	it came to pass,	
고린도후서 5:20	**that** be ye reconciled to God.	be ye reconciled to God.	

27. 단어를 삭제하거나 스펠링을 교정한 구절

성경	1611년 판	현대판	비고
에스라 3:5	and of every one that willingly **offred,** offered a free will offering unto the Lord.	and of every one that willingly **offered** a free will offering unto the LORD.	

성경	1611년 판	현대판	비고
예레미야 40:5	whom the king of Babylon hath made governour over **all** the cities of Iudah,	whom the king of Babylon hath made governor over the cities of Judah,	
스가랴 11:2	because **all** the mighty are spoiled;	because the mighty are spoiled:	

28. 하나님의 대한 호칭 교정

번역자들은 '여호와'를 'LORD', 또는 'GOD'로 번역했다. '주님'도 'LORD', 또는 'Lord'로 번역했다. 그러나 보통 '주인'은 소문자 'lord'로 번역했다. 다만 '엘로힘'은 '여호와'(GOD)와 구별하여 앞에만 대문자인 'God'로 번역했다. 원어에서는 대소문자 구별이 없지만 영어의 대문자와 소문자는 정반대의 인격체가 된다.

성경	1611년 판	현대판	비고
창세기 6:5	And **God** saw,	And **GOD** saw	원어에는 '여호와'이다.
출애굽기 23:17	all thy males shall appear before the **LORD God.**	all thy males shall appear before the **Lord GOD.**	원어는 '여호와'이다.
사무엘하 7:22	Wherefore thou art great, O **Lord GOD:**	Wherefore thou art great, O **LORD God:**	원어에는 '엘로힘'이다.
사무엘하 12:22	whether **God** will be gracious to me,	*whether* **GOD** will be gracious to me,	원어는 '여호와'이다.
역대기하 13:6	Yet Ieroboam··· is risen up, and hath rebelled against his **LORD**	Yet Jeroboam··· is risen up, and hath rebelled against his **lord.**	여로보암이 하나님을 대항한 것이 아니므로 소문자(lord)로 교정되었다.
역대기하 28:11	for the fierce wrath of **God** is upon you.	for the fierce wrath of the **LORD** *is* upon you.	원어는 '여호와'이다.
이사야 43:12	when there was no strange **God** among you:	when *there was* no strange *god* among you:	원어에는 '엘로힘'이 없다. 그래서 이탤릭으로 교정되었다.

성경	1611년 판	현대판	비고
이사야 49:13	for **God** hath comforted his people, and will have mercy upon his afflicted.	for the **LORD** hath comforted his people, and will have mercy upon his afflicted.	마소라 성경에는 '여호와'이다.
예레미야 13:10	and walke after other **Gods** to serve them and to worship them,	and walk after other **gods**, to serve them, and to worship them,	현대판은 소문자로 교정되었다.
다니엘 11:38	But in his estate shall he honour the **god** offorces: and a **God** whome his fathers knew not,	But in his estate shall he honour the **God** of forces: and a **god** whom his fathers knew not	문맥상 모두 소문자 'god'이다. 이해가 불가능한 교정이다.
스가랴 6:4	Then I answered, and said unto the Angel that talked with mee, What are these, my **LORD?**	Then I answered and said unto the angel that talked with me, What *are* these, my **lord?**	'LORD'와 'lord'의 차이는 엄청나다. 전자는 '창조주', 후자는 '피조물'이다.

29. 대문자가 교정된 단어들 (영어에서 대문자와 소문자의 차이는 매우 중요하다)

성경	1611년 판	현대판	비고
창세기 6:3	And the LORD said, My **Spirit** shall not always strive with man;	And the LORD said, My **spirit** shall not always strive with man,	문맥상 초판의 번역이 더 타당하다.
창세기 16:7	And the **Angel** of the LORD found her by a fountaine of water,	And the **angel** of the LORD found her by a fountain of water	초판의 대문자로 시작된 '천사'는 신성을 의미하는 단어들이다. 일반 천사와 다르다.

그런데 현대판은 이 부분을 전혀 반영하지 않고 있다. |
| 창세기 31:11 | And the **Angel** of God spake vnto me in a dreame, saying, Iacob; And I said, Here am I. | And the **angel** of God spake unto me in a dream, *saying*, Jacob: And I said, Here *am* I. | |
| 출애굽기 33:2 | And the **Angel** of the Lord appeared unto him, in a flame of fire | And the **angel** of the LORD appeared unto him in a flame of fire | |

신명기 32:6	_Is_ not he **thy Father** that hath bought thee? Hath he not made thee, and established thee?	_is_ not he **thy father** _that_ hath bought thee? hath he not made thee, and established thee?	'Father'와 'father'는 전혀 다른 아버지다. 문맥상 초판이 더 타당하다. 하나님을 의미하기 때문이다.
여호수아 5:14	What saith **my Lord** unto his servant?	What saith **my lord** unto his servant?	여호수아가 경배한 천사는 보통 천사가 아니다. 그래서 초판이 더 타당하다.
욥기 19:25	For I know that my **Redeemer** liveth,	For I know _that_ my **redeemer** liveth,	'Redeemer'과 'redeemer'은 전혀 다른 '구속자'이다.
시편 2:6	Yet have I set my **King** upon my holy hill of Sion.	Yet have I set my **king** upon my holy hill of Zion.	대문자 'King'과 소문자 'king'은 전혀 다른 왕이다.
다니엘 3:28	Blessed bee the God of Shadrach, Meshach, and Abednego, who hath sent his **Angel,**	Blessed _be_ the God of Shadrach, Meshach, and Abednego, who hath sent his **angel,**	불속에 있는 천사는 보통 천사가 아니다.
다니엘 10:16	O my **Lord,** by the vision my sorrowes are turned vpon me, and I have retained no strength.	O my **lord,** by the vision my sorrows are turned upon me, and I have retained no strength.	다니엘의 고백이다. 'Lord'와 'lord'는 정 반대의 인격체이다. 초판이 더 타당하다.

30. 현대 영문 킹제임스 성경은 출판사마다 다른 부분이 있다

성경	1611년 판	현대판	
사도행전 11:12	And the **spirit** bad me goe with them,	And the **Spirit** bade me go with them,	이 구절은 출판사마다 다르다. 대문자(Spirit)로 된 성경도 있지만 소문자(spirit)로 교정된 성경도 있다.
사도행전 11:28	…Agabus, and signified by the **spirit,**	…Agabus, and signified by the **Spirit**	
요한일서 5:8	the **Spirit**, and the **Water**, and the **Blood**, and these three agree in one.	the **spirit**, and the water, and the blood: and these three agree in one.	이 차이는 엄청난 것이다. 'Spirit'은 창조의 영이지만 'spirit'은 피조의 영이기 때문이다.

〈참고 자료〉

1) 웨인 그루뎀, 『조직신학』, 노진준 역 (서울: 은성출판사, 2009)

2) 메이천. 『신약 헬라어』, 김근수 역 (서울: 기독교문서선교회, 2005)

3) 와인그린, 『구약성서 히브리어 완성』, 김재관 역 (서울: 기독교문서선교회, 1999)

4) 이성호, 『간추린 성서 대사전』, (서울: 혜문사, 1989)

5) 장동수, 『신약성서 사본과 정경』, (대전: 침례신학대학 출판부, 2005)

6) 브루스 M. 메쯔거, 사본학, 강유중, 장국원 역(서울: 기독교문서선교회, 1999)

7) 황성일, 『성경 히브리어 문법』, (경기: 크리스챤 출판사, 2010)

8) 대한성서공회, 『성경전서』, (서울: 대한성서공회, 2001)

9) 정동수, 『흠정역』, (인천: 그리스도 예수 안에, 2011)

10) 베이빗 비일, 『영어성경역사』, 이영주 역 (서울: 기독교문서선교회, 1994)

11) D. A. 칼슨, 『킹제임스 버전 성경의 오류』, 송병현, 백대영 역
    (서울: 이레서원, 2000)

12) 도널드 A. 웨이트, 『킹제임스 성경의 4중 우수성』, 정동수, 이권우 역
    (인천: 그리스도 예수 안에, 2006)

13) 토마스 홀랜드, 『킹제임스 성경의 영광』, 정동수 역
    (인천: 그리스도 예수안에. 2006)

14) 에드워드 힐즈, 『킹제임스 성경 변호』, 정동수, 권승천 역
    (인천: 그리스도 예수 안에, 2007)

15) 김석수, 『킹제임스 성경의 불편한 진실』, (서울: 종려나무 출판부, 2014)

16) Edward F. Hills, The King James Version Defended,
    (The Christian Research Press, 2006)

17) Hebrew Old Testament, (London: Trinitarian Bible Society 1894)

18) Greek New Testament, (London: Trinitarian Bible Society 1894)

19) Holladay, william L, A Concise Hebrew and Aramaic Lexicon of
    the Old Testament, (MI: Wm. B. Eerdmans Publishing co. 1971)

20) Oxford English Dictionary, (Oxford University press, 2009)

21) Holy Bible(1611 KJV 400th Anniversary Edition),
    (MI: Zondervan, 2011)

22) Holy Bible(1769 KJV, 500th Anniversary of the Reformation Edition),
    (AZ: The Bible Museum, 2017)

23) THE HOLY BIBLE(King James Version),
    (NY: American Bible Society, 2010)

24) Goodspeed, Edgar J, THE TRANSLATORS TO THE READER,
    (IL: The University of Chicago press, 1935)

25) KJV Compact Reference Bible, (MI: Zondervan, 2000)

26) Seow, C. L, A Grammar for Biblical Hebrew,
    (NA: Abingdon press, 1995)

27) Dana, H. E and Julius R. Mantey, A Manual Grammar of
the Greek New Testament, (NJ: Prentice Hall, 1957, c1927)

28) Thompson, Frank Charles, Thompson Chain-Reference Bible,
(IN: B.B Kirkbride Bible Comany, 2007)

29) Waite, D.A, The DEFINED King James Bible,
(NJ: The Bible For Today Press, 2002)

30) M.G. Easton, Easton's Bible Dictionary,
(Oak Harbor,WA: Logos Research Systems, Inc.,1996, c1897)

31) Paul J. Achtemeier, Publishers Harper & Row and Society of
Biblical Literature, Harper's Bible Dictionary,
(SF: Harper & Row, 1985)

킹제임스 성경 KJV의 변천사

초판 1쇄 인쇄 2023년 10월 11일
초판1쇄 발행 2023년 10월 16일

지은이ㅣ김 석 수
펴낸이ㅣ천 병 성
펴낸곳ㅣ도서출판 바이블

주소ㅣ경기도 광명시 광명로 775번길 13, 1405호
전화ㅣ02-2614-8354
팩스ㅣ02-2614-8352
등록ㅣ제390-2023-000025호

ISBN ㅣ 979-11-984836-0-7(03230)
정가ㅣ15,000원